**ANNE-MARIE**

# REIKI
## LA VOIE DES (5) PRINCIPES

**RECTO**
Editions **V**ERSEAU

*A ceux qui ne m'aiment pas*
*et qui ont eu la simplicité de me le signifier,*

*à ceux que j'aime*
*et à ceux que je n'aime pas encore,*

*à mes maîtres,*
*à mon frère,*

*à Thierry, François, Joël et Jean.*

*Qu'ils reçoivent le reiki,*
*énergie de paix, de santé, d'amour et de lumière.*

---

*Collection dirigée par Edmonde Klehmann*
Illustrations de l'auteur
Le concept des médaillons Reiki sur la photographie de couverture
a été élaboré par Parimal Danielle Tonossi, maître de reiki :
Centre "Fleur de Cristal" - 15 av. Général Guisan
CH - 3960 Sierre

# TABLE DES MATIÈRES

Le reiki s'inscrit dans un courant actuel que certains appellent somatothérapie, qui se situe au carrefour des psychothérapies corporelles énergétiques (bio-énergie, rebirth...) et de la psychanalyse d'une part, et dans un mouvement de recherche philosophique où l'Orient et l'Occident s'uniraient pour donner naissance à de nouvelles valeurs.

Après avoir suivi pendant des années la tradition ésotérique initiatique des Rose-Croix et des Martinistes, pratiqué et enseigné le yoga et le taï chi chuan, corrélativement à des études universitaires de psychologie clinique et à une formation de psychothérapeute, j'ai découvert le reiki qui est pour moi la synthèse de tout ce qui précède et plus.

C'est à la suite d'un grave accident de voiture où j'ai failli mourir que j'ai pu vivre le bien-fondé du reiki puisque je suis entièrement guérie grâce à sa pratique.

Au-delà d'une technique, d'une méthode holistique, il est un art de vivre, une méditation permanente, un état d'acceptation, d'accueil, de lâcher prise où chacun se laisse guider par ce qui lui est donné à vivre.

Sa simplicité le rend déconcertant et magique, c'est elle qui en fait la force et la souplesse.

Ce livre est centré sur les principes reiki.

Il s'adresse à tout lecteur intéressé par le développement personnel et plus particulièrement par un travail sur les principes reiki.

Les personnes initiées au reiki y trouveront des passages spécifiques.

Le travail sur les principes reiki favorise la guérison, offre à toute personne d'être actrice de sa guérison.

De tradition initiatique, le reiki est une technique de transmission de l'énergie universelle.

# RAPPEL

Tout lecteur s'intéressant au reiki a déjà lu l'histoire du Docteur Mikao Usui écrite dans la plupart des ouvrages parus traitant du reiki.

C'est lui qui, dans un monastère zen, a retrouvé le reiki au siècle dernier, dans de très vieux textes bouddhistes sanskrits venus du Tibet.

Il se mit à soigner et guérir les mendiants des bas-fonds de Kyoto. Mais après quelque temps, ceux-ci revenaient, retournaient à leur vie de mendicité et retombaient malades.

C'est alors qu'il comprit que la guérison du corps physique n'était pas une guérison définitive quand les personnes ne changeaient pas leur façon de vivre et de comprendre la vie.

Il donna alors les principes reiki en même temps qu'il commença à enseigner les différentes étapes de la guérison.

# LA GUÉRISON ET LES PRINCIPES REIKI

**Faire disparaître les symptômes** n'est pas guérir si l'origine du mal, sa cause, est toujours là.

La cause existe à plusieurs niveaux, dans plusieurs dimensions et registres de la personne.

Il y a toujours une origine physique, corporelle, à la maladie et une source mentale consciente ou inconsciente, même pour une grippe, un rhume, un mal aux dents.

**Guérir** n'est pas simplement ne plus être malade, mais être sain.

La guérison, la santé sont provisoires tant que nous ne savons pas d'où vient le mal, ce qu'il nous dit (le mal a dit) et à quoi il nous sert.

**Le reiki** vous propose d'accueillir tout ce qui vous arrive comme un message. Au fil de votre pratique vous en découvrirez le sens et la source profonde.

**Le premier degré reiki** est centré sur la guérison du corps, sur sa bonne santé. Il permet déjà une lecture du corps et une approche de son langage. Vous découvrez l'impact des ancrages émotionnels négatifs sur l'organisme.

A l'heure actuelle, ceux qui doutent encore du lien entre les émotions, les sentiments et la santé, sont ceux qui pressentent que de reconnaître ce lien ouvre vers le changement et la mise en question de toute valeur établie. Il est vrai que ce n'est pas particulièrement sécurisant ni rassurant mais, chacun sait, pour peu qu'il veuille s'entendre intérieurement, que la sécurité est illusoire, relative, mythique. Paradoxalement, le reconnaître et l'accepter vraiment donne un sentiment de paix et de bien-être.

**Le deuxième degré** permet de travailler sur le plan mental et donc, sur les causes, l'origine de la maladie et, quand on n'est pas malade, sur une meilleure santé.

Il permet de se libérer progressivement de son aliénation à sa propre histoire et d'accéder au silence intérieur.

**Le troisième degré** est celui de la guérison spirituelle. Dans la tradition initiatique il correspond à la maîtrise, c'est-à-dire à la reconnaissance par l'initié de son lien avec le reiki et à l'acceptation consciente de lâcher prise parce qu'il sait, tout simplement, qu'il est guidé.

**Les principes reiki** s'inscrivent dans ces trois étapes, dans ce chemin vers la guérison donnant au reiki son sens de thérapie holistique.

Nous nous accrochons parfois à notre maladie comme à nos habitudes, par peur du changement. Mais il y a un moment dans la vie de chacun, dans votre vie, où vous avez le choix, où la possibilité de guérir vous est offerte. A vous de choisir. Le chemin n'est pas toujours facile, c'est vous qui le tracez. Vous pouvez rencontrer des gens, des situations, des livres, des documents qui vous donneront des outils ou des repères pour le tracer.

**Choisir de guérir,** c'est choisir de vous aimer, d'aimer la vie et de vous laisser aimer d'elle. C'est choisir l'aventure.

C'est accepter de vous laisser aimer par la vie, à sa façon à elle, avec ses gestes, ses brusqueries, ses maladresses adroites, ses bousculades, ses tendresses incompréhensibles, sa magie, ses paradoxes. Quand vous désirez simplement accueillir l'amour qu'elle vous donne sans vous le préfigurer, ni vous l'imaginer, quand à chaque caresse, griffure, rebuffade, valse à trois temps ou à mille, à chaque embrun, cri de mouette, rayon de soleil ou de lune, goutte de rosée ou de pluie, flocon de neige ou étoile de givre, coup de vent ou brise légère, vous sentez son amour et pouvez vous endormir paisible sous la Grande Ourse, alors, funambule sur un fil de cristal, vous allez, un pas après l'autre, attentif, présent, vers votre guérison.

**Les principes reiki sont les outils donnés par Maître Usui** à chacun pour tracer son chemin. Ils sont les cailloux blancs que vous pouvez poser là où vous passez pour ne pas vous perdre, ni tourner en rond.

**Vous pouvez choisir de les appliquer ou vouloir les appliquer comme des lois** et vous mesurerez le décalage qui existe dans votre vie de tous les jours entre ces lois, leur respect et votre comportement.

**Vous pouvez choisir d'y réfléchir** et vous trouverez des questions, des réponses, et ce qui vous empêche ou vous permet actuellement de les appliquer.

**Vous pouvez ne pas les accepter en tant que tels,** les ignorer même. Dans tous les cas ils sont dans le reiki et le reiki c'est avant tout la liberté, votre liberté, votre libre arbitre. A chaque instant, VOUS avez le choix.

**Vous pouvez aussi méditer** sur un principe ou sur tous. Pour cela vous vous centrez comme avant un soin : mains sur le chakra du cœur (thymus)  et vous demandez de recevoir le reiki, énergie de paix, de santé, d'amour et de lumière pour votre méditation sur le principe et vous nommez celui que vous avez choisi. Il ne vous reste plus qu'à laisser être, accueillir ce qui vous sera donné, lâcher prise. Laissez passer vos pensées, regardez-les passer, ne vous accrochez pas, soyez simplement présent, conscient, sans attente. Laissez venir les réponses, observez les.

Chaque fois que vous travaillez ainsi, vous ancrez le processus de guérison en vous et vous vous libérez d'une entrave à ce processus.

**Vous pouvez trouver votre propre façon de travailler sur les principes. Vous découvrirez** que le travail sur chacun d'eux équivaut à un soin complet et plus.

Il est intéressant d'y travailler également en groupe d'initiés.

**Ces principes, les voici tels que je les ai reçus de mon Maître :**

**«Aujourd'hui pas de souci, juste aujourd'hui.»**

**«Aujourd'hui pas de colère, juste aujourd'hui.»**

**«Honore tes parents, tes professeurs, tes aînés.»**

**«Gagne ta vie honnêtement.»**

**«Aie de la gratitude pour tout ce qui est vivant.»**

# UNE PRÉCISION

Pour les exercices proposés dans ce livre, je vous inviterai à les mettre en pratique sur des périodes de quatre jours, voire de vingt-et un jours si quatre ne sufffisent pas. J'ai déterminé ces durées spontanément pour m'apercevoir ensuite que :

– dans l'initiation du premier degré, il y a quatre passages initiatiques,

– les soins se donnent par série de quatre, donc traiter une situation, une relation, etc. en quatre jours s'inscrit dans la tradition de la pratique reiki,

– le chiffre 7 est celui de l'initié, 3 étant celui de la réalisation. $3 \times 7 = 21$. Après l'initiation, la période de purification est de vingt-et-un jours. Donc, si au bout de quatre jours de soins, une prolongation de traitement est souhautable, je propose d'aller jusqu'à vingt-et-un jours, de façon à accomplir un cycle de réalisation initatique complet, après quoi, dans tous les cas, il est essentiel de tout offrir à la lumière, lâcher prise dans la confiance.

# LE LANGAGE DU CORPS

Il existe une symbolique et une mythologie collectives, ainsi qu'une symbolique et une mythologie individuelles, qui reprennent le collectif à leur propre compte et en fonction de l'histoire personnelle, et qui se l'approprient.

Que nous en soyons conscients ou pas, nous naissons dans une civilisation qui se développe en nous dès la gestation et nous en sommes porteurs comme nous sommes porteurs de tout ce qui a été développé progressivement par tous ceux qui nous ont précédés sur la planète. A l'heure actuelle le bébé refait sur le plan moteur, dans ses premiers mois de vie, ce que l'homme a atteint au fil des âges pour arriver à vivre debout. Tout s'est inscrit des temps anciens dans l'homme d'aujourd'hui et peu à peu tout continue à se transformer et à se transmettre de génération en génération.

Il en est ainsi du langage aussi à l'heure actuelle. Quand il naît l'enfant possède dans ses gazouillis, vocalises et lallations tous les sons de toutes les langues parlées sur la planète. C'est à travers les sons donnés par son entourage qu'il va sélectionner ceux qui vont lui permettre de communiquer et d'organiser, structurer son langage.

Il en est de même d'autres symboles que les mots, il en est de même des mythes.

Et chacun se les approprie et les colore, les structure en fonction de ce qu'il vit, de son histoire (ce que l'on retrouve expliqué chez Jung).

**Le langage du corps est ainsi fait.**

Il est constitué d'une symbolique collective que chacun intègre, s'approprie et restitue en fonction de son histoire.

Quoi de plus simple que de reconnaître la tristesse ou la peine de quelqu'un quand il pleure par exemple ?

Et pourtant, nous avons tant et tant de tenues de camouflage qu'il nous est parfois difficile de reconnaître les signes corporels.

Heureusement le langage verbal nous donne aussi des indications qui vont nous permettre de mieux nous entendre et d'être plus conscient de ce que nous communiquons avec notre corps et de ce qu'il nous dit.

Ainsi, chaque zone du corps, chaque fonction organique, est investie d'une symbolique collective et individuelle.

Prenons quelques exemples : avoir du cœur, c'est être généreux, bon et aussi être courageux. Etre sans cœur, c'est être inflexible. Avoir un cœur de pierre, c'est ne pas àtre touché, ému, ne pas être sur un registre sentimental avec autrui et sans doute avec soi-même.

On est rouge de colère, blanc ou vert de peur, on a des colères blanches, on est rose de plaisir, noir d'alcool, bleu de stupéfaction, blanc de rage, marron quand on est bredouille ou qu'on s'est fait rouler, on fait une jaunisse de jalousie ou de dépit. La couleur de la peau elle-même est un langage, celui qui rougit est timide, chacun le sait.

Le coup de pied au derrière a la réputation de faire avancer alors que la gifle est insultante et demandait il y a quelque temps réparation jusqu'à la mort (duels). On gifle son égal, on botte son valet.

On a la peur au ventre, les boules à la gorge, les foi(e)s. La peur a la réputation d'être très laxative et de se finir «en courante». Le dégoût face à un comportement donne la nausée, fait vomir. Un choc émotionnel avec surprise,   c'est un coup à l'estomac, on est «estomaqué» quand on est stupéfait, on a un coup au cœur aussi parfois, on est plié de rire, de fatigue, c'est toujours au-dessus du nombril, quant à ce qui se situe en dessous, chacun pense immédiatement à la sexualité ; pourtant sous le nombril ou la ceinture il y a certes, la sexualité, mais il y a aussi les genoux avec les peurs, les pas en avant, les chevilles qui enflent quand l'ego se gonfle.

Amusez-vous ainsi à relever comment chaque zone du corps est investie, chargée d'émotions, de sentiments et vous enrichirez votre lecture du corps et de ses symptômes.

Voyez par exemple qu'avoir un nœud ou une boule à la gorge ce n'est pas la même chose que d'«avoir les boules», c'est-à-dire une colère prête à se dire, à se crier éventuellement mais encore contenue. La gorge est une zone où une forte anxiété (nœud qui empêche la communication avec autrui et avec soi-même) peut s'exprimer ou s'imprimer et également une zone de la colère, et la colère est souvent liée à l'incommunicabilité ou, tout au moins, à un manque de communication. La gorge est l'organe de la communication et est touchée par toutes les émotions qui s'y rattachent.

Ces quelques observations illustrant le langage du corps sont simplement faites pour montrer que, même si chaque zone du corps ou fonction est investie par rapport à notre histoire personnelle, elle l'est aussi par rapport à une symbolique collective.

**Pour chaque principe, vous trouverez comment il se traduit dans votre corps, comment il s'exprime, comment il existe ou est empêché et vous trouverez aussi quelque chose qui est commun à beaucoup de gens parce que chacun est aussi marqué par sa civilisation.**

En travaillant sur les principes reiki et sur leur réso-nance, leur écho dans vos corps, vous découvrirez par vous-même peu à peu que ce travail correspond à un soin complet, que chaque principe touche à tout votre corps physique et à tous vos corps.

Nous avons sept corps selon la tradition, chacun étant fait de sept champs (sept fois sept) : le corps physique, le corps éthérique ou émotionnel, le corps astral, mental, causal, bouddhi-que, atmique.

Tous communiquent entre eux.

En travaillant sur les principes reiki vous ouvrirez peu à peu votre conscience à l'existence de ces corps et à leur fonctionnement. Pour cela il faut commencer au début, c'est-à-dire là où vous en êtes.

Rien de plus simple que la trame proposée par Maître Usui, trame sur laquelle vous pouvez tisser votre évolution, votre développement.

Le premier degré favorise le travail sur les corps physique et éthérique.

Le deuxième degré nous offre, avec les symboles, la possibilité de prendre conscience de notre façon de fonctionner dans notre vie par rapport à nous-même, à autrui et à l'univers (voir page suivante le chapitre : «Lâcher prise et prise de cons-cience»). Il favorise le travail sur les corps astral et mental.

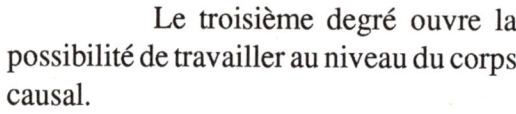

Le troisième degré ouvre la possibilité de travailler au niveau du corps causal.

Puis il appartient à chacun de trouver le chemin des corps bouddhique et atmique. C'est le travail de la maîtrise.

# LÂCHER PRISE, PRISE DE CONSCIENCE ET GUÉRISON

Souvent nous entendons : «Dans la vie, il faut s'accrocher !» ou bien : «Mon vieux, pour réussir il faut tenir bon coûte que coûte !»

**Le reiki nous propose l'attitude opposée :
LÂCHER PRISE.**

S'accrocher, c'est renforcer l'ego, lutter, s'obstiner, s'entêter. Souvent nous le lions à la volonté.

Lâcher prise naît du désir de s'épanouir, de développer sa conscience, de connaître l'existence. Lâcher prise se réalise quand ce désir lui-même n'existe plus, quand nous laissons être la vie en nous, quand nous la laissons couler, quand nous sommes dans le présent, dans la dimension infinie du présent.

Vous lâchez tout pour accueillir ce qui est.

Ecoutez par exemple cette mère (ou ce père) qui dit en parlant de son enfant : « Je ne sais plus quoi en faire ! Il ne veut pas étudier, il ne veut rien faire. Ah, écouter de la musique toute la journée dans sa chambre, ou aller danser avec les copains, ça, oui ! Mais, pour le reste... Il ne range même pas sa chambre...»

Autrement dit, cet enfant ou adolescent ne répond pas au désir de sa mère, il n'est pas comme elle voudrait et elle dit, elle-même, qu'il faut faire quelque chose de son enfant, non pas quelqu'un.

Nous pouvons imaginer les conflits qu'il doit y avoir. Soit l'adolescent joue l'inertie et la mère peut toujours s'accrocher ! Soit c'est la guerre avec des armistices et des meurtrissures et là aussi, il faut s'accrocher !

Et si elle regardait simplement vivre son enfant, si elle s'intéressait à la musique qu'il aime et qu'il écoute, si elle accueillait avec amour ce qu'il vit... Si elle ne désirait plus le façonner à son idée, à son image, si elle s'interrogeait sur les valeurs qu'elle prône, sur son propre comportement, si elle se mettait en question, elle ? Peut-être que son enfant n'a pas tellement intérêt à lui ressembler ? Dans tous les cas, il ne lui appartient pas. C'est lui qui choisit. La seule possibilité, c'est qu'il puisse bénéficier de ce que sait déjà sa mère pour exercer son propre jugement et faire ses choix. Alors la mère et l'enfant pourraient se découvrir, se connaître, se parler, communiquer, s'aimer et tour à tour se mettre en question pour mieux comprendre puis connaître la vie.

Quand vous lâchez prise vous ouvrez la voie de la connaissance (naître avec) et abandonnez le savoir. Vous savez que vous ne savez rien et que c'est une grande chance. Vous préférez l'incertitude, ne pas savoir, au leurre et à l'illusion. Vous apprenez que la connaissance est vivante, elle est immédiate, spontanée et vous ne cherchez pas à la faire perdurer, cela n'a pas d'importance, c'est votre conscience à ce jour de votre vie, de la vie, d'une situation, etc.

Quand vous avez mal, que vous souffrez, si vous vous accrochez, vous avez encore plus mal, vous luttez, vous ne voulez pas. Entendu, vous ne voulez pas, mais c'est ainsi, et même si vous ne pouvez pas l'accepter c'est ainsi . Si vous vous accrochez, vous serrez les dents, vous essayez d'être plus fort que le mal, que votre souffrance, vous êtes en conflit. C'est formidable, cela veut dire que vous avez envie de vivre, de guérir, mais alors apprenez à guérir, écoutez, regardez, vivez votre douleur, suivez son rythme, son trajet, demandez-vous ce qu'elle vous dit, posez-vous la question. Si elle existe, il y a une raison, une cause, une origine. Posez-vous la question en toute humilité et évitez les pièges des fausses réponses, les réponses intellectuelles. A un moment la réponse, *votre* réponse viendra et vous saurez qu'elle est la bonne réponse, vous ne pourrez pas avoir l'ombre d'un doute car elle aura une qualité d'être exceptionnelle.

La réponse vient quand vous avez lâché prise, quand vous avez même cessé de vous interroger, quand vous avez totalement accepté ce qui vous est donné à vivre, à ressentir. Vous vous êtes posé la question, puis vous vivez votre souffrance, vous l'accueillez complètement, c'est votre amie, elle vous indique, vous donne le sens de ce qui se passe pour vous.

Et tout d'un coup, vous avez la réponse. Cette réponse est une prise de conscience, vous ne pouvez pas vous y tromper. Elle envahit tout votre corps d'une certitude, d'un sentiment et d'une sensation de plénitude, chaque cellule en est éveillée, empreinte, tout vibre en synchronicité, en harmonie et vous le ressentez partout en même temps. C'est tout votre être qui est conscient, qui connaît la réponse.

ALORS, VOUS GUERISSEZ. Si vous avez des symptômes, ils vont, soudainement ou peu à peu, disparaître au fur et à mesure de la guérison. Cela peut prendre quelques jours, quelques minutes. Je l'ai vécu moi-même à la suite d'un grave accident. Au fur et à mesure de mes prises de conscience, je guérissais, ce qui n'était pas le pronostic prioritaire des médecins au début. Je l'ai également vécu à de petites occasions, un début de grippe par exemple.

*J'étais avec un ami, mon compagnon de reiki. Nous étions dans un bar. Ma fièvre montait de plus en plus. J'étais* les nébuleuses lourdes des états fébriles. Il m'a dit quelques mots qui ont favorisé, déclenché ma prise de conscience. Je savais pourquoi j'étais malade, pourquoi j'avais la grippe. Quand nous sommes sortis du bar je lui ai dit : « Ca y est, je suis guérie ! » La fièvre a baissé peu à peu. J'étais guérie. Ce qui a favorisé cette prise de conscience, c'est la confiance totale que je ressentais pour cet ami qui m'a permis d'accueillir ses propos dans le lâcher prise. Je n'avais aucune attitude défensive ni d'orgueil. Ses mots ont résonné, ont fait écho en moi. S'ils n'avaient pas fait écho, il suffisait que je le dise, mais là, ils étaient justes.

C'est aussi dans cette confiance, dans cet amour, qu'il m'a aidée après mon accident. Je lui racontais où j'en étais, il écoutait, posait ou pas une question et le chemin se traçait peu à peu pour moi et aussi pour lui, car c'était une aventure pour chacun.

D'autres aussi m'ont aidée par leur présence.

Il y avait une douleur intense qui m'envahissait surtout la nuit et pendant plusieurs nuits j'appelais la personne de garde pour qu'elle me donne un antalgique tellement je souffrais. Un de ces veilleurs avait pris l'habitude de venir voir comment j'allais. Quand il arrivait, il me disait de ne pas hésiter à l'appeler si je souffrais, ce que je fis encore quelques fois. Sa gentillesse me réconfortait. Il garda l'habitude de venir me voir même après que je n'aie plus mal.

Quand la douleur revenait, je m'aidais avec la respiration à la laisser être, mais au bout d'un moment elle était si intense que je ne pouvais plus l'accepter. Je posais mes mains, mais rien n'y faisait.

Un soir, je me dis que j'avais là quelque chose que je ne voulais pas comprendre, qui me dérangeait au point que je ne pouvais pas laisser être cette souffrance et je compris que j'étais fière de ce que j'avais déjà réussi à faire au point que cette douleur qui me mettait en échec devait disparaître. C'était ma volonté, *mon ego, et je m'épuisais à lutter contre elle et elle m'envahissait pour me parler de mon ego. Ce soir-là elle fut tout aussi intense mais je pouvais la vivre et je sentais tout son trajet. Son trajet correspondait à un méridien précis qui menait à un organe, le foie comme me le fit remarquer mon père quand je lui montrai le trajet.*

*Il me suffisait alors de poser mes mains sur le foie puis de m'interroger.*

*Je n'ai plus eu besoin d'antalgique.*

*Par contre, j'ai utilisé pendant plusieurs jours les sons curatifs du taï-chi-chuan que j'associais au reiki. La douleur s'est estompée.*

*Elle a disparu quand j'ai pris conscience de ce qui se passait pour mon foie. Poser mes mains et lui donner du reiki favorisait le lâcher prise pour avoir la réponse.*

Poser les mains et être dans une écoute, une conscience flottante, sans rien attendre, sans rien vouloir, dans le calme tranquille de cette simple sensation, autorise complètement la réponse et la guérison.

C'est ainsi pour toute forme de souffrance, de douleur.

C'est ainsi sans souffrance ni maladie, pour simplement travailler sur un principe reiki. Il ne s'agit pas d'y travailler uniquement intellectuellement mais toujours en lâchant prise et en posant les mains pour mieux sentir le reiki, le recevoir, être dans l'écoute, la conscience flottante. Ainsi vous avez vos réponses concernant le principe et travailler sur un principe reiki ,c'est aller vers la guérison complète : physique, mentale et spirituelle.

# AVANT LE TRAVAIL SUR LES PRINCIPES

Ne croyez rien de ce que j'écris,

Ne vous laissez pas séduire,

Vivez, ressentez, essayez si vous avez envie, expérimentez.

Ecoutez si quelques mots de ces pages font écho en vous, s'ils résonnent.

Ce qui est vrai pour vous aujourd'hui trace le chemin.

Si ce que vous lisez ici ne résonne que dans votre intellect, ne fait que raisonner, surtout ne vous y arrêtez pas.

Si vous êtes dérangé, agacé, arrêtez-vous un peu, il y a peut-être quelque chose d'intéressant pour vous.

Vous ne trouverez ici que quelques pistes méthodologiques pour vous mettre au travail,

Vos réponses sont en vous, vos questions aussi. Votre question contient la réponse.

En travaillant régulièrement sur chaque principe, ne soyez pas surpris si votre vie change, parfois tout doucement, peu à peu, parfois radicalement et vite, cela dépend de la trajectoire de chacun.

Dans tous les cas, prenez le temps, le vôtre, et tout va bien ainsi.

Réservez un cahier pour votre travail et quelques feuilles aussi. Installez-vous dans un endroit calme et assurez vous de ne pas être dérangé, dans le mesure du possible bien sûr.

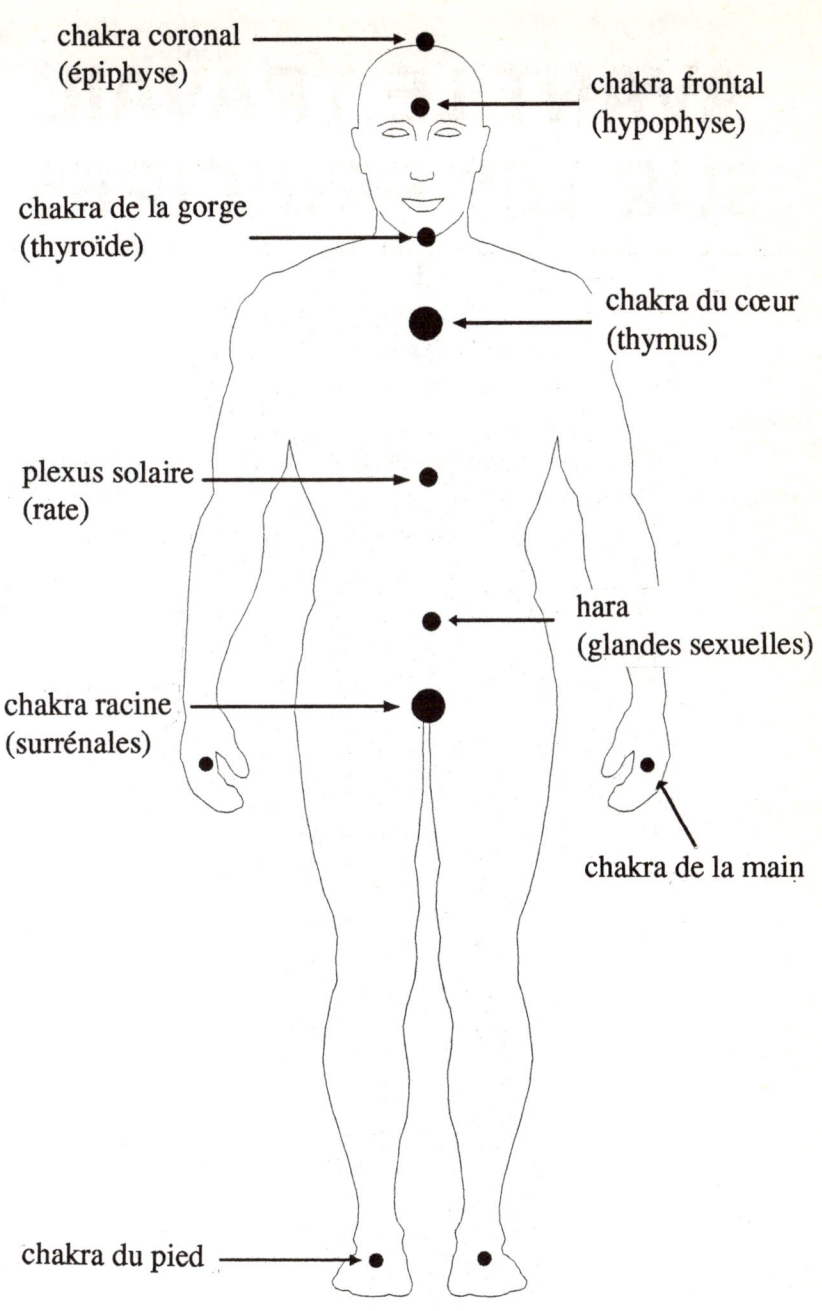

LES CHAKRAS ET LES GLANDES

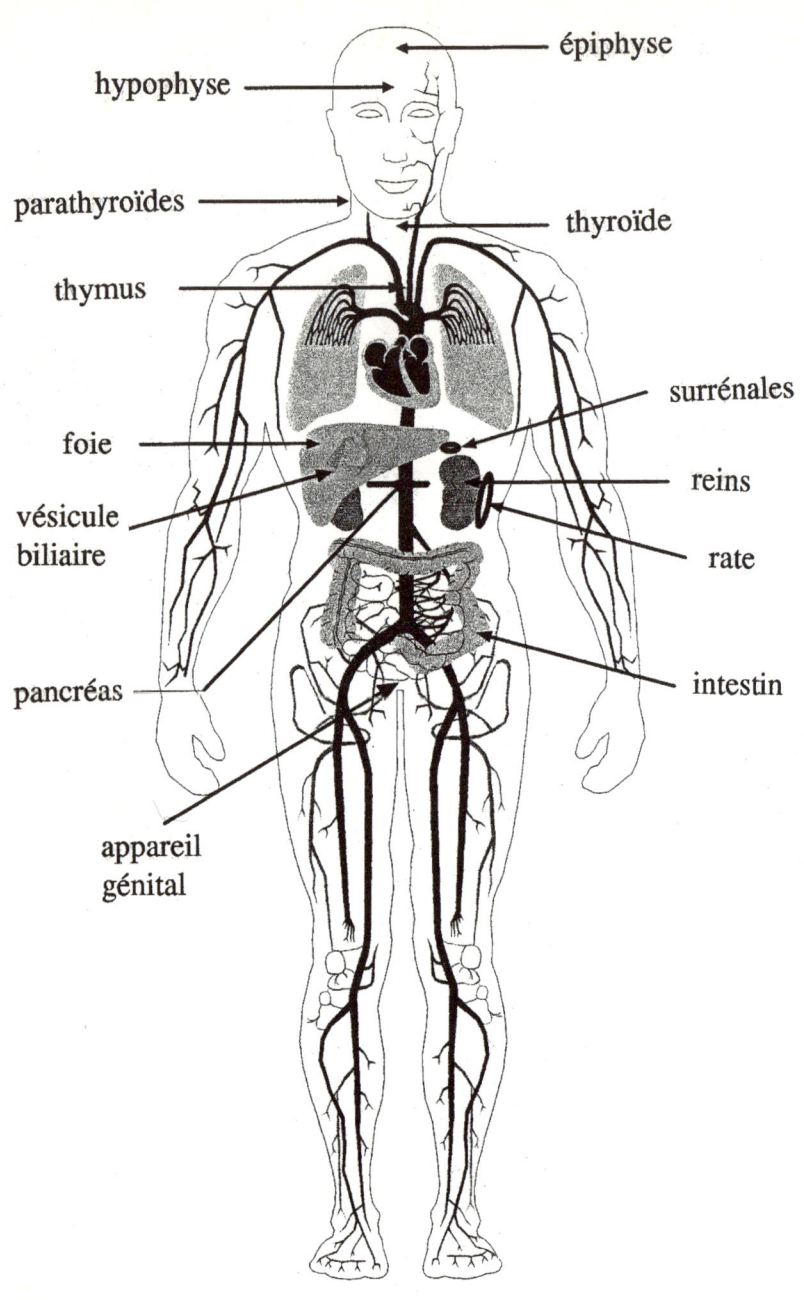

épiphyse

hypophyse

parathyroïdes

thyroïde

thymus

foie

surrénales

reins

vésicule
biliaire

rate

pancréas

intestin

appareil
génital

LES GLANDES ET LES ORGANES

# PREMIER PRINCIPE

# AUJOURD'HUI PAS DE SOUCI, JUSTE AUJOURD'HUI

Avant de commencer à travailler pour vous sur ce principe, centrez-vous sur le chakra du cœur, demandez à la lumière et à votre guide ou maître spirituel que vous nommez alors, si cela vous correspond, de vous précéder.

Ouvrez votre cahier et écrivez le principe puis la date du jour.

## MÉTHODE 1
### pour tout lecteur, initié ou non initié

Tracez quatre colonnes égales sur votre cahier sur toute la longueur de la feuille. Marquez en haut de la page la date et l'heure.

Maintenant dans la première colonne écrivez tous les mots qui vous viennent spontanément quand vous lisez souci. Ne vous relisez pas, écrivez le mot qui vous vient même si vous l'avez déjà écrit, écrivez sans réfléchir, sans vous arrêter. Ecrivez ces mots les uns sous les autres dans la première colonne. Quand elle est remplie, continuez dans la troisième jusqu'à ce qu'elle soit remplie aussi. Obligez-vous à remplir les deux colonnes.

Maintenant, prenez le temps, regardez ce que vous avez écrit. Regardez ce qui revient le plus, le moins. Enfin dans la deuxième et la quatrième colonne, face à chacun des mots que vous avez écrit, écrivez ce qui le résoud et essayez de ne pas vous relire. Ainsi, si par exemple vous avez écrit *argent* comme mot évoqué par le souci et si vous l'avez écrit plusieurs fois, vous pouvez avoir, à chaque fois, une résolution différente ou plusieurs fois la même, l'important c'est votre spontanéité. Vous pourrez avoir *gain, richesse, abondance, loto, travail, héritage, don,* etc.

Quand vous aurez fini, relisez les résolutions puis éliminez-les progressivement en les barrant, des moins importantes à la plus importante pour vous. Entourez celle qui reste. Regardez si elle correspond bien à votre souci majeur.

Vous pouvez écrire cette résolution en grand sur la page suivante. Vous pouvez aussi l'afficher, écrite en grand chez vous, là où vous travaillez, l'écrire sur votre agenda ou sur quelque chose que vous amenez avec vous ou au creux de votre main.

Cela va vous aider peu à peu à penser positivement votre vie, en terme de solution ou de résolution et non plus en souci. C'est un premier pas important pour vous. Vous ne serez plus accablé, vous serez constructif.

Peu à peu vous apprendrez à être dans la confiance et là, pas de souci, simplement une situation présente à vivre. Ce premier travail vous y prépare, vous apprenez à vous aimer avant de lâcher prise.

Prenez le temps de faire ce travail pendant vingt-et-un jours. Pour certaines personnes, c'est mieux de le faire à heure fixe, pour d'autres ce n'est pas important.

Peu importe si vous vous répétez d'un jour à l'autre. Ne relisez pas ce que vous avez écrit la veille, restez immédiat, spontané, juste aujourd'hui.

# MÉTHODE 2
### pour tout lecteur, initié ou non initié

Ecrivez votre souci sur une feuille libre, racontez-le avec toutes les précisions qui vous paraissent nécessaires.

Puis, toujours par écrit, inventez sa résolution, écrivez-la même si elle n'est pas vraisemblable, ne peut se réaliser, sauf miracle, même si elle ressemble à un conte de fées, ne la limitez en rien, imaginez-la, le seul risque que vous prenez, c'est qu'elle se réalise.

Quand vous avez fini, pliez votre feuille, prenez-l entre vos mains. Si vous Êtes initié, donnez-lUI du reiki, de la lumière.

Que vous soyez initié ou non, gardez la feuille entre vos mains et offrez votre souci et sa résolution à la lumière. Restez ainsi tant que vous le ressentez nécessaire, ou bien tant que vous sentez quelque chose entre vos mains : chaleur, froid, picotements, flux sanguin, etC. Puis remerciez dans votre cœur (gratitude) et brûlez votre feuille jusqu'à ce qu'elle soit en cendres.

Soufflez dans vos mains pour vous libérer de ce travail ou allez les laver.

Vous pouvez recommencer autant de jours que vous le sentez nécessaire, mais pas au-delà de vingt-et-un jours car vous libérer de votre souci et le laisser se résoudre c'est aussi, après l'avoir traité et travaillé, l'oublier et laisser œuvrer la vie, la lumière, en toute confiance.

Souvent je m'aperçois que c'est après l'avoir traitée et confiée à la lumière qu'une question se résoud, trouve sa réponse. C'est aussi de cette façon que vous parvenez peu à peu à la deuxième partie du principe : «juste aujourd'hui».

# MÉTHODE 3
## pour initiés : autotraîtement

**Lorsque vous avez un souci et qu'il commence à vous envahir :**

– posez une main sur la vésicule biliaire, une main sur le chakra coronal. Restez le temps nécessaire.

Nécessaire veut dire tant que vous sentez une chaleur intense, des battements, des picotements, du froid, tant que vous sentez que cela vous fait du bien, tant que vous n'avez pas envie de bouger vos mains.

– Puis laissez vos mains se poser où elles veulent.

Vous pouvez aussi vous arrêter ou bien pratiquer ensuite l'autotraitement selon votre façon habituelle.

**Si vous avez du souci et de la peur :**

– après avoir pratiqué la position précédente : vésicule-coronal, posez une main sur le ventre, sous le nombril, et laissez l'autre sur la vésicule biliaire.

**Si vous n'avez pas peur mais que vous vous faites du souci et que vous êtes triste :**

– toujours en commençant par vésicule-coronal, posez une main sur le thymus et laissez l'autre sur la vésicule.

**Si votre souci vous envahit un peu partout :**

– commencez par vésicule-coronal, puis posez une main sur le chakra frontal et laissez l'autre sur la vésicule.

**Quand, après une ou plusieurs de ces positions vous allez mieux,** vous allez équilibrer et harmoniser le passage de l'énergie en équilibrant les chakras à partir de la vésicule de la façon suivante :

– une main sur la vésicule - une sous le nombril

– une main sur la vésicule - une sur le périnée

– une main sur la vésicule - une sur le chakra coronal
– une main sur la vésicule - une sur le chakra frontal
– une main sur la vésicule - une sur la gorge
– une main sur la vésicule - une sur le cœur
– les deux mains sur le cœur pour finir.

Travaillez votre autotraitement dans tous les cas pendant les vingt-et-un jours où vous travaillez sur le principe et de préférence après les méthodes 1 et 2 des pages précédentes.

Si vous êtes second degré, vous pouvez pratiquer le traitement mental en début d'autotraitement en le centrant sur le principe.

## Pourquoi la vésicule ?

Ne dit-on pas de quelqu'un de soucieux qu'il se fait de la bile ? C'est donc la vésicule qui est sollicitée par le souci et qui peut être en disharmonie.

Pour mieux gérer son émotion et pour qu'elle ne nous fasse pas mal, il faut soigner l'organe qui lui correspond, la glande endocrine concernée.

## Pourquoi le chakra coronal ?

C'est par le chakra coronal que nous recevons l'énergie cosmique. Pour les Chinois nous sommes reliés à l'énergie cosmique par le coronal, lui-même relié à la Grande Ourse, elle-même reliée à la lumière.

Certains le savent intuitivement depuis toujours, depuis l'enfance. En posant la main sur le coronal on favorise l'accueil, la réception de cette énergie.

C'est la glande pinéale ou épiphyse qui correspond au chakra coronal. Elle régirait tous les rythmes physiologiques, en particulier au niveau endocrinien.

## Pourquoi sous le nombril ?

C'est la zone des peurs (avoir la peur au ventre) que les arts martiaux transforment en courage, en maîtrise (hara) et c'est la zone des émotions douloureuses qui durent : «ça me tord les tripes !»

## Pourquoi le chakra frontal ?

C'est le chakra de l'intuition, de la clairvoyance. Nous pouvons donc avoir une réponse spontanée , une résolution, un dénouement.

Il correspond à la glande pituitaire ou hypophyse qui est considérée comme la clé de commande de toutes les autres glandes endocrines et la passerelle avec l'hypothalamus, carrefour entre le système nerveux et le système endocrinien.

# TRAITEMENT COMPLÉMENTAIRE

Vous pouvez aussi traiter la rate et le bras juste après le poignet, côté interne, sous l'os dans le creux radial (endroit des pouls chinois), à deux doigts de travers de la racine du pouce, pour épuration du sang.

Pourquoi?

Ne dit-on pas de quelqu'un de soucieux qu'il se fait du mauvais sang ? Et s'il se fait du mauvais sang, c'est bien sans doute parce qu'il se fait de la bile !

N'oubliez pas l'hypophyse et vous pouvez aussi traiter la thyroïde (gorge) car souvent quand on a des soucis, il faut être «costaud» pour les supporter, et les gens soucieux sont parfois enrobés.

# CONSEIL POUR LES 21 JOURS

Pendant ces vingt-et-un jours, laissez venir les réponses, observez-les. Vous serez agréablement surpris. Ne vous découragez pas si malgré tout ce que vous faites votre souci persiste. Ce que vous faites s'enregistre. L'enregistrement est plus ou moins long selon les personnes. La résolution chemine. Ce n'est peut-être pas celle que vous avez imaginée. Viendra celle qui est bonne pour vous, à vous de l'accueillir.

Si rien ne se passe, demandez-vous ce que vous vous êtes caché, ce que vous continuez à ne pas gérer, à quoi vous sert ce souci.

Posez-vous la question avec sincérité. Demandez-vous ce que vous n'avez pas voulu voir et faites tranquillement votre autotraitement. Les réponses viendront.

# MÉTHODE 4
## PASSÉ - FUTUR

Si vous vous faites du souci par rapport à une situation passée qui a encore des conséquences aujourd'hui ou qui pourrait en avoir, situation où vous êtes directement impliqué, même si les conséquences sont pour quelqu'un d'autre, vous pouvez le traiter aussi, rien n'est irrémédiable.

**Si vous n'êtes pas initié** observez que généralement dans la vie, lorsque vous agissez avec authenticité vous êtes toujours dans une démarche où la résolution arrive même si elle n'est pas immédiate.

Posez-vous la question de votre implication dans la situation, de votre responsabilité. Acceptez la réponse même si elle vous renvoie une image de vous-même qui ne vous plaît pas, qui vous dérange. Dans cette situation là vous avez été ainsi et voilà. Ecrivez tout, avec authenticité, sincérité et offrez-le à la lumière.

Vous n'êtes pas obligé de l'écrire bien sûr mais souvent l'écriture demande une rigueur et permet aussi ensuite de détacher plus facilement sa pensée de l'histoire transcrite.

Donc, je vous conseille de l'écrire, de l'offrir à la lumière en demandant également par écrit que la résolution se réalise, non pas celle que vous imaginez, mais celle qui est bonne pour chacune des personnes concernées.

Quand vous êtes dans la confiance et la sincérité, la résolution vient.

**Si vous êtes premier degré**, après avoir écrit, faites un traitement reiki tous les jours (quatre ou vingt-et-un jours) à ce que vous avez écrit, puis brûlez vos feuilles.

**Si vous êtes second degré,** il suffit de faire un traitement de situation. Vous pouvez ainsi traiter votre karma, passé ou avenir et bien sûr présent. Vous le traitez comme une situation passée ou une situation future.

Vous aurez un message, des réponses, à vous de les reconnaître et de les comprendre. Les signes ne sont pas toujours en droite ligne, dans notre logique à nous. Peu à peu on apprend à les reconnaître et à les comprendre.

# LE KARMA

J'entends par karma le fait que par nos actes et nos pensées d'aujourd'hui nous déterminons les événements à venir (y compris d'une vie à une autre) et non seulement les événements mais aussi nos comportements.

Cela est, en plus, à replacer dans le contexte de la civilisation et la société dans lesquelles nous vivons et dans ce que nous en avons intégré. Le karma est fonction des égrégores que les hommes créent avec leurs lois morales et de ce que chacun en a intégré consciemment ou inconsciemment. Exemple : nous considérons que voler n'est pas bien et répréhensible.

Nous avons intégré comme positive la notion de propriété, de biens individuels, de possession. Celui qui reconnaît et a intégré cette valeur prend le risque, s'il vole, du karma correspondant. Mais s'il n'a pas intégré ces valeurs là, pas du tout, alors voler ne signifie rien et son karma sera fonction de cette réalité.

Le karma individuel est soumis au collectif et à ce que chacun a intégré des lois et des valeurs socio-culturelles, idéologiques de sa civilisation et de sa société.

Nous disons volontiers que chacun récolte ce qu'il a semé, que celui qui sème le vent récolte la tempête, qu'un tel n'a que ce qu'il mérite, etc.

Robin des Bois, lui, est voleur mais voleur des riches pour les pauvres et fidèle à son roi, loyal, et il est donc impuni. Tout est soumis aux appréciations morales de l'histoire du moment. Arsène Lupin fascine des générations d'adolescents et de jeunes adultes. Ce sont, bien sûr, des mythes, des personnages qui montrent que la loi a des limites, est relative.

Tout cela est construit par l'homme. Si vous vivez dans l'amour et la lumière, pas besoin de ces lois, mais chacun les a plus ou moins intégrées et détermine donc son karma avec ses comportements, ses pensées, ses attitudes.

Prenons un autre exemple : le tabac. Sur les paquets de cigarettes vous lisez : «Fumer nuit gravement à la santé», «Fumer provoque le cancer».

Si vous le ressentez comme vrai, si vous fumez en ayant le sentiment de vous détruire ou bien si vous faites le fanfaron face à cet égrégore, cet ensemble de formes-pensées, vous risquez de vous faire mal. Si vous fumez raisonnablement en étant conscient qu'il y a des comportements, des attitudes, des pensées qui peuvent être plus destructeurs et nocifs que le tabac, vous prenez déjà moins de risques.

Si sur les paquets de cigarettes il était écrit par exemple : «fumer raisonnablement préserve la santé », « être sobre garantit une bonne santé», ce serait bien différent. Le fumeur ne serait pas menacé.

Difficile de ne pas intégrer ce genre de menace déguisée en simple constatation, difficile de ne pas y être soumis, de ne pas la subir. Celui qui continue à fumer est devenu coupable.

La culpabilité n'est pas un sentiment qui favorise de devenir un être responsable ou plus responsable, au contraire, elle peut parfois freiner, voire empêcher.

C'est à tous ces processus et à leurs intrications que nous sommes soumis et c'est dans tout ce réseau que se tisse le karma de chacun. En fait, le karma est l'expérience, la situation à vivre qui va nous permettre de nous rapprocher de la lumière, d'aller vers elle, de devenir un être de plus en plus conscient.

Quand vous dites : «Quelle chance j'ai eue !», c'est aussi bien sûr de votre karma qu'il s'agit. Le karma n'est pas constitué que de situations difficiles à vivre ou d'épreuves, il est fait aussi de moments heureux, paisibles, sereins.

## LE TRAITEMENT DU KARMA

J'ai remarqué que les épreuves que j'ai eues à vivre étaient toutes à la mesure de ce que je pouvais supporter et qu'elles m'ont toutes permis de mieux comprendre et appris à lâcher prise. Chacune me rapproche de l'essentiel, me dépouille de l'inutile, m'apprend à vivre sans acquis, à voyager sans bagage.

Pour certaines, heureusement que j'étais initiée et que

j'étais aidée par le reiki qui m'a permis de lâcher prise, d'être dans la confiance.

Les techniques reiki permettent de travailler sur le passé et sur ce que nos attitudes passées ou présentes peuvent déterminer. Et j'ai du travail ! Cela permet d'être mieux aujourd'hui et structure peu à peu une lucidité tranquille.

**Si vous n'êtes pas initié,** le simple fait de vous interroger sur votre histoire, votre responsabilité et ce qu'elle a déterminé, en laissant tomber peu à peu vos tenues de camouflage, vous sera bénéfique et le sera pour votre entourage.

**Si vous êtes initié au second degré,** vous pouvez pratiquer le traitement de votre karma comme vous pratiquez le traitement de situation. Vous pouvez aussi vous aider en pratiquant régulièrement le traitement mental. Peu à peu, presque à votre insu, vous verrez plus clair.

**Si vous êtes initié au premier degré,** vous pouvez traiter une situation de votre histoire comme pour une situation présente, mais surtout travaillez votre autotraitement tous les jours et les principes déjà aujourd'hui.

# MÉTHODE 5
## juste aujourd'hui

Au fur et à mesure du travail que vous faites sur le souci vous allez mieux apprendre comment vous gérer à ce sujet, vous allez trouver vos propres réponses, votre propre méthodologie ou démarche. Peu à peu vous allez prendre conscience que se faire du souci ou avoir des soucis, c'est se souvenir, revenir à une situation passée ou se projeter dans l'avenir et parfois les deux. Ce n'est pas vivre dans le présent. **Si je vis juste le moment présent je n'ai pas de souci.**

Juste aujourd'hui, c'est aussi se donner les moyens pour aujourd'hui, un court terme réalisable. Vous ne savez pas pour demain et vous n'y pensez pas, le meilleur moyen pour ne rien entreprendre pour aujourd'hui est de se projeter dans demain. Vous y pensez pour aujourd'hui et peut-être que pour aujourd'hui c'est possible.

Si, déjà un jour, vous vivez sans souci, même simplement quelques heures, c'est un pas vers la guérison. Vous n'avez pas mal au ventre, ni à la vésicule, votre sang est bon, votre tête moins encombrée et surtout tout votre corps va bien parce que votre respiration est moins serrée, moins rapide, plus ample, plus calme, plus complète, vous êtes mieux oxygéné, l'énergie circule mieux et vous devenez vous-même plus paisible. Alors vous ressentez différemment la vie et les événements de la journée. Tout doucement, juste aujourd'hui, vous apprenez à aller mieux.

Et, heureusement, il n'y a pas que ce qui fait mal qui laisse des traces et qui est mémorisé par les corps. Ce qui fait du bien aussi peut devenir constitutif, s'imprimer, et donc, vous construisez peu à peu, pas à pas, votre guérison.

Un moyen simple de travailler là dessus est de l'écrire en plus ou moins gros et de l'afficher là où vous êtes habituellement dans la journée, chez vous, au travail si vous pouvez, au creux de votre main...Vous écrivez tout simplement le «Juste aujourd'hui» qui vous ramène au présent.

## Etre confiant

Travailler sur ce principe et sur les autres ce n'est pas se dire : «Allez, aujourd'hui il ne faut pas que j'aie de souci, il faut que j'y arrive !» ou bien : « Facile à dire, moi je ne peux pas ! Et puis, c'est normal que je m'en fasse» ou encore : «Je serais un parent indigne de ne pas m'en faire au moment où le gosse va passer ses examens ou va se faire opérer...», etc.

Certes, cela est normal dans la société où nous vivons, mais ce qui est normal n'est pas forcément sain, c'est seulement ce qui est fait ou pensé par la plupart des gens. La norme n'est pas une garantie de santé, c'est seulement la garantie de votre conformité, vous êtes comme les autres, vous vous faites du souci pour votre «gosse» quand il doit passer ses examens.

Ce que propose Mikao Usui, c'est d'apprendre à être harmonieux, serein et confiant. Ce n'est pas vous qui décidez, mais, par contre, votre attitude peut être déterminante.

Si, par exemple, vous vous faites du souci pour votre enfant quand il passe ses examens, même si vous ne lui dites pas, lui, il le sait. Cela se voit à l'expression de votre visage, s'entend à vos soupirs qui vous sont nécessaires parce que votre respiration est plus courte et que vous avez un poids sur l'estomac, à vos attitudes, vos comportements, et même si vous contrôlez tout cela, cela se sent à vos vibrations.

Votre enfant réagira plus ou moins consciemment. Il peut perdre de sa confiance puisque, si vous vous faites du souci, c'est que vous avez peur qu'il échoue à son examen, vous n'avez pas confiance dans sa réussite. Il sera troublé. Cela peut aussi l'inciter à réussir, mais dans tous les cas vous ne pouvez pas être sûr que la réussite à ses examens soit bonne pour lui, pas plus ni moins que l'échec. Vous ne pouvez pas décider de ce qu'il va vivre pour devenir un homme plus conscient ou un homme heureux si c'est cela votre désir pour lui. Vous pouvez l'accompagner sur son chemin en sachant que c'est le sien et sans aucune crainte puisque c'est la vie, la lumière qui le guident et vous guident.

Si vous êtes ainsi, réellement confiant, sans autre désir que de laisser être la vie pour lui, vous verrez que vous l'accompagnez sur le chemin de sa propre réalisation. Donnez-lui tous les moyens que vous pouvez lui donner puis ayez confiance et lâchez prise.

N'hésitez pas à vous poser des questions sur votre

souci : «De quoi j'ai réellement peur ? Pourquoi ? Que n'ai-je pas fait ? Qu'est ce que j'ai fait ? Qu'est ce qui est essentiel là dedans ? Pour l'autre ? Pour moi ? Qui suis-je pour savoir que telle issue à une situation est la bonne ?» Si je lâche prise j'accueille ce qui m'est donné et tout est cadeau pour être plus vivant, plus libre, plus près de la lumière, de l'amour, de la paix.

Se faire du souci, c'est émettre des ondes, des vibrations, une énergie qui, si elles durent, vont s'alourdir jusqu'à prendre forme, se concrétiser. Nous le savons bien quand nous disons : «Un malheur n'arrive jamais seul», «C'est la loi des séries», «Jamais deux sans trois», etc.

*H. a passé des années à s'inquiéter pour les traites à payer pour l'entreprise qu'elle a montée avec son mari. Elle fait et refait ses comptes, est périodiquement menacée par les huissiers, etc. Son mari travaille, travaille. Elle aussi et, en plus, elle compte. Un jour elle est amenée à l'hopital, elle a une crise aiguë due à un calcul. Quelques jours après il faut lui enlever la vésicule biliaire. A l'époque elle souriait «jaune», symbolique évidente de sa maladie : elle se faisait de la bile et plus elle faisait ses calculs plus elle se faisait de la bile.*

Difficile à éviter mais... Avec le reiki, juste aujourd'hui vous pouvez être conscient de ce qui se passe pour vous et faire face à vos responsabilités sans vous faire mal.

# AUTRES MOYENS POUR SE «LAVER» DE SES SOUCIS

**Si vous avez des racines qui vous font ressentir les éléments, la nature, comme bienfaisants,** vous pouvez tout simplement aller au bord d'une rivière.

L'eau qui coule, qui court, nettoie, lave, fait tout oublier parce qu'au bout d'un moment vous êtes complètement dans ses mouvements, dans sa course, dans son rythme, dans sa musique aussi.

Asseyez-vous près d'elle dans une position confortable que vous pourrez garder. Ecoutez-la, regardez-la couler.

Vous pouvez poser vos mains sur le chakra du coeur ou sur vos genoux, ouvertes, paumes vers le haut pour symboliser votre accueil de ce qui est. Vous pouvez aussi pratiquer un mudra (position des mains) simple si vous le ressentez comme une aide ou un plaisir : l'index rejoint le pouce mais pas au bout du pouce, un peu plus bas, sur la phalange, le majeur, l'annulaire et l'auriculaire collés ensemble et bien séparés des deux autres. L'index représente le moi qui va vers le soi (le pouce) et abandonne les valeurs telles que la puissance (le majeur), la sexualité (l'annulaire) et l'argent (l'auriculaire).

Quand vos mains sont en mudra vous les posez sur les genoux, paumes tournées vers le haut.

Puis laissez l'eau faire son œuvre, regardez-la, écoutez la couler, ricocher, changer son rythme.

### Vous pouvez aussi travailler votre respiration.

Allongé sur le dos, faites tout d'abord trois respirations complètes, bras le long du corps ou mains sur le ventre, comme vous vous sentez le mieux, la tête dans l'axe de la colonne vertébrale.

Commencez à inspirer par le ventre (bouche fermée) en le gonflant un peu, puis remontez à la cage thoracique, les poumons, les épaules, gardez l'air, un peu, sans forcer, poumons pleins, puis expirez lentement en commençant par vider les épaules, les poumons, le ventre qui se creuse, le bas-ventre. Restez ainsi, poumons vides, quelques instants, puis recommencez ainsi. Faites cette respiration au moins trois fois.

Puis continuez un moment à être conscient de votre respiration en pratiquant simplement la respiration abdominale :

– expirez complètement, posez les mains sur votre ventre, inspirez lentement en laissant le ventre se gonfler et sans gonfler la poitrine. Laissez venir l'air dans le ventre jusqu'à la taille puis bloquez votre respiration quelques secondes et expirez lentement, longtemps, le plus longtemps possible, finissez de chasser l'air en creusant le ventre.

Soyez conscient de votre respiration à chaque instant. Faites en sorte que votre expiration soit deux fois plus longue que votre inspiration. Vous vous nourrissez ainsi de prâna, l'énergie de l'air qui vous lave, vous nettoie.

Vous pouvez bien sûr associer cette respiration avec la rivière.

**Il y a des personnes qui se lavent de leur souci en** faisant ou écoutant de la musique, de la peinture, de la couture, du dessin, du sport, en coupant du bois, en tricotant, en tissant, en jardinant, etc., autant dire en faisant quelque chose qui mobilise complètement leur attention. Là, il faut être présent et donc il n'y a plus de place pour se projeter avec inquiétude dans l'avenir ou soupirer sur le passé, plus de place pour le souci.

On lâche prise en s'accrochant à autre chose. Pourquoi pas, bien sûr ? Ce qui est intéressant surtout, c'est que cette autre chose demande que vous soyez, complètement, juste aujourd'hui.

## Au fil des jours

Le soir, prenez le temps de faire le point, de constater, de vous souvenir de votre journée, des moments où vous vous êtes senti en décalage avec le principe, les moments où vous l'avez oublié, soit parce que vous étiez en plein dedans, soit parce qu'aujourd'hui il était comme un précepte, difficile à vivre.

Si vous vous êtes fait du souci, que vous avez cherché à en comprendre les mécanismes et que vous n'avez pas compris, au sens de *prendre conscience*, constatez-le et dites-vous qu'à chaque jour suffit sa peine, demain est un autre jour.Chaque jour est un jour unique même s'il ressemble aux autres avec les habitudes, les routines. Vous, vous pouvez le vivre et le ressentir comme unique, ne pas être pris dans les habitudes, les routines, les utiliser, elles aussi, comme des cailloux blancs.

Au fil des jours, c'est l'aventure, le voyage, la rencontre. Au fil des jours vous êtes un bon compagnon pour vous- même et peu à peu pour les autres. Au fil des jours, c'est la vie, la lumière, la guérison, la santé, la paix, l'amour.

## Au fil des nuits

Avant de vous endormir, offrez votre journée et votre nuit à la lumière et endormez-vous confiant.

Il se peut que vous rêviez beaucoup et que vous vous souveniez de vos rêves. Lorsqu'on fait un travail régulier sur soi-même, ce travail se poursuit la nuit et chaque rêve est un message. Accueillez-le avec gratitude, écoutez ce qu'il vous dit, observez ce qu'il crée en vous, sensations, sentiments, émotions, certitude, incertitude. Notez ses liens avec votre démarche. Vous pouvez l'écrire sur votre cahier de travail dès votre réveil. Si vous ne comprenez pas son message, vous pourrez le reprendre, le relire, mais la spontanéité est souvent plus sincère. Laissez-vous guider par votre intuition et laissez faire le reiki, laissez-le travailler en vous, doucement, à son rythme, un jour vous aurez la réponse. J'ai remarqué que souvent le travail se fait quasiment à mon insu.

En pratiquant régulièrement les exercices proposés, et si vous êtes initié, l'autotraitement, vous permettez à l'énergie de mieux circuler, vous vous harmonisez avec la vie, vous devenez alchimiste de vous-même et peu à peu se réalise la transformation.

Vous verrez en cheminant ainsi que le hasard n'existe pas et que ce que vous vivez dans votre journée ou dans vos rêves est en rapport avec votre démarche. Accueillez tout ce qui vous est donné à vivre, à ressentir, tout est cadeau pour comprendre, pour laisser être la vie en vous, par vous.

# Offrir à la lumière

*J'ai découvert cela un soir. Je n'arrivais pas à me débrouiller d'une situation, mes sentiments étaient mêlés et j'avais l'impression de ne pas pouvoir aller plus loin. Je n'étais pas contente de moi. C'est alors que je me suis rendu compte que j'aurais voulu pouvoir m'endormir tous les soirs avec la satisfaction d'une journée harmonieuse, sincère, qui sente bon et qui soit un pas de plus vers l'éveil, vers la lumière.*

*A ce moment-là je me suis dit que c'était de l'orgueil, je n'avais pas la simplicité d'être ce que j'étais et j'ai offert à la lumière ce que je ressentais, toute cette situation que j'avais encore plus embrouillée avec mon ego. «Je te la donne, moi, je ne sais plus, je ne sais pas.» La réponse fut immédiate. La lumière était là, apaisante, bienfaisante, resplendissante.*

Depuis j'ai repensé à ce que disent les *vieux* : «Aide-toi, le ciel t'aidera» et souvent j'offre à la lumière ce que je ressens, ou ma journée avec une gratitude infinie.

Je pose les mains sur le chakra du cœur et je dis intérieurement : «Merci pour cette journée. Elle est à toi.» Puis j'ouvre mes mains, paumes vers le haut.

Depuis ce soir-là, chaque fois que je fais un soin reiki ou l'autotraitement, je l'offre à la lumière et je lui demande de me précéder.

Depuis ce soir-là je n'ai plus ressenti cette solitude parfois agréable, parfois douloureuse, qui a été longtemps ma compagne.

# AUJOURD'HUI PAS DE COLÈRE, JUSTE AUJOURD'HUI

Si vous vous sentez prêt, prenez du temps pour faire les exercices proposés. Ils vous permettront d'accéder plus facilement à l'intériorisation de ce principe. Vous trouverez après les exercices quelques réflexions sur les raisons de ce principe.

## MÉTHODE 1
### pour tous

Prenez votre cahier, écrivez le principe et la date. Après avoir fait quatre colonnes, comme pour le principe précédent, écrivez tout ce qui est susceptible de vous mettre en colère, de vous irriter, remplissez les première et troisième colonnes. Puis écrivez face à chaque mot dans les deuxième et quatrième colonnes ce qui, au contraire, vous mettrait en joie. *Exemple :*

*première colonne :*
　l'injustice
　l'impolitesse
　le commérage
　ma belle-mère

*en face dans la deuxième colonne :*
　l'équité
　la correction
　le silence
　la tranquillité

41

Puis relisez ce que vous avez écrit et entourez le mot le plus important pour vous.

Vous pouvez, comme pour le souci, écrire en grand dans votre salle de travail, dans votre agenda, au creux de votre main ce mot, qui vous servira de mot clé (voir à la fin du chapitre). Gardez-le bien.

Observez ce que vous avez écrit, demandez-vous si vous n'avez rien oublié puis posez vos mains sur le chakra du cœur et faites quelques respirations complètes. N'oubliez pas que nous sommes dans un monde où la connaissance passe par les contraires, les opposés, où chaque chose est l'opposée d'une autre que vous ne pouvez connaître que parce que les deux existent : le jour, la nuit ; le froid, la chaleur ; l'amour, la haine... Laissez venir vos impressions. Si l'une d'elles est particulièrement importante pour vous, prenez le temps de l'écrire. Puis offrez votre travail à la lumière et restez dans le silence.

# MÉTHODE 2
**pour tous**

---

Ouvrez votre cahier, mettez la date.

Ne craignez pas ce que vous allez découvrir, au contraire, accueillez-le avec gratitude et simplicité, avec tendresse, puisqu'il s'agit de vous et que cela vous appartient. Regardez-vous avec lucidité et indulgence, amour. Ne vous jugez pas, ne vous culpablilisez pas. Vous étiez ainsi, vous êtes ainsi et voilà. Le travail que vous commencez ne peut que vous être bénéfique. Ayez confiance et offrez votre travail à la lumière.

Si vous êtes sûr de vous, du bien-fondé de vos colères, de vos comportements, si vous n'êtes pas prêt au changement, prenez soin de vous, en particulier de vos chevilles car il se peut que vous ayez de l'orgueil. L'orgueil est une des tenues de camouflage que préfèrent la fragilité et la peur, ou l'inquiétude, l'insécurité, le manque profond de confiance en soi. Si vous cherchez plus loin, vous verrez que c'est le manque d'amour qui est à la source de l'orgueil. Mais cultiver son ego renforce le sentiment d'une solitude douloureuse et d'être incompris.

Dans tous les cas, quelles que soient vos découvertes sur vous-même, ne vous jugez pas, dites-vous bien que le jugement de valeur a été inventé, créé par les hommes qui voulaient faire craindre Dieu et qui ont ainsi pris le pouvoir sur les autres, car ce qui les guidait était leur soif de puissance. C'est ainsi que la crainte, et l'hypocrisie qui va avec, se sont installées.

Quand l'amour inconditionnel existe, il n'y a pas besoin de loi, de jugement, ni de valeurs inventées par l'homme, les valeurs justes existent d'elles-mêmes, tout est valeur.

### Maintenant commencez votre travail :

Centrez-vous sur le chakra du cœur et demandez à la lumière ou au Dieu de votre cœur de vous aider à être sincère, à être vrai.

Rappelez-vous une colère que vous avez ressentie, qu'elle ait éclaté ou pas et écrivez-la, racontez-la. Ecrivez sur une seule page, laissez l'autre blanche à chaque fois. N'oubliez aucun détail. Ecrivez pourquoi vous l'avez eue, ce qui l'a déclenchée.

Puis, décrivez-vous dans votre colère : vos paroles, gestes et actes, ce que vous ressentiez, avant, pendant et après.

Racontez la fin, l'issue de cette situation. Qu'avez-vous fait juste après ? Le lendemain ?

Puis écrivez comment vous vous sentez là, maintenant que vous venez de vous en souvenir.

Posez les mains sur le chakra du cœur pour vous apaiser, puis laissez une main sur le cœur et posez l'autre sur le centre frontal. Restez ainsi jusqu'à ce que vous sentiez la même chose dans les deux mains.

Maintenant vous pouvez passer à l'exercice suivant ou vous arrêter et le faire demain. Remerciez, dans ce dernier cas, la lumière pour son aide.

# MÉTHODE 3
### pour tous

---

A faire après 2, le jour même ou le lendemain.

Relisez ce que vous avez écrit puis, face aux passages émotionnels importants, essayez de vous souvenir de ce qui se passait dans votre corps. *Exemple :* mâchoires serrées, contractions des joues parce que les dents se serrent et se desserrent, doigts qui se plient ou se raidissent, se tendent, estomac noué, dos contracté, ventre contracté, respiration altérée, plus courte, etc.

Prenez votre temps pour ne rien oublier et rapportez ainsi, tout au long des pages, toutes les sensations corporelles internes et externes dont vous pouvez vous souvenir.

Quand vous avez fini, écrivez ce que vous ressentez après ce travail, puis centrez-vous sur le chakra du cœur et laissez revenir la paix en vous.

**Si vous êtes initié,** faites votre autotraitement même si vous l'avez déjà fait dans la journée. Si vous n'avez pas le temps, posez vos mains sur votre gorge puis sur votre foie et finissez sur le cœur ou bras croisés sur la poitrine et une main sur chaque épaule, bouts des doigts dans le creux au-dessus des clavicules.

**Même si vous n'êtes pas initié** cette position-là est particulièrement réconfortante et apaisante, vous pouvez l'essayer. Vous remarquerez d'ailleurs que, spontanément, tout le monde pratique le reiki, chacun pose sa main là où il a mal, ou pose la main sur l'épaule de quelqu'un en signe d'amitié et / ou de réconfort.

Dans ce travail sur la colère, l'humour ne nuit pas. Si vous voyez quelqu'un en colère, regardez les signes corporels.

Regardez comment se tord sa bouche, s'assombrissent ses yeux, se gonflent ses veines. Parfois c'est drôle, surtout si on n'écoute pas les paroles prononcées et même si on les entend. Parfois il y a même de la salive ou des postillons qui sortent de la bouche selon qu'elle se pince ou s'ouvre beaucoup. Ecoutez le débit des paroles et vous saurez le rythme de sa respiration. Avec ou sans humour un soin reiki ne peut que faire du bien à la personne après sa colère.

# MÉTHODE 4
## pour tous

---

Sur votre cahier écrivez et racontez non pas une colère que vous avez eue mais une colère que vous avez subie. Racontez- la avec tous les détails qui vous touchent, qui vous sont importants. Ecrivez sur une seule page.

Puis sur l'autre écrivez les détails de ce que vous avez ressenti dans votre corps : sensations internes et externes.

Finissez votre travail en vous centrant sur le chakra du cœur, en offrant votre démarche à la lumière.

# MÉTHODE 5
## pour tous

---

## Travail sur le pardon

Choisissez une situation où vous avez été en colère, que votre colère ait éclaté ou pas puisque si elle n'a pas éclaté sur les autres, elle a éclaté en vous.

Prenez votre cahier et écrivez la date et le but de l'exercice : le pardon.

Confiez votre travail à la lumière en vous centrant sur le chakra du cœur.

Repensez à la situation et écrivez-la.

Puis écrivez tout ce que vous reprochez à la personne qui vous a fait mettre en colère sur une page et laissez l'autre blanche.

Ecrivez tout ce que vous vous reprochez et, de la même façon laissez une page blanche.

Si vous n'avez pas le temps de continuer, vous pouvez faire cet exercice sur deux jours. Dans ce cas n'oubliez pas de vous centrer, pour finir, sur le chakra du cœur et de remercier la lumière pour son aide et son accueil.

Continuez ce travail toujours en l'offrant à la lumière.

Reprenez ce que vous avez écrit.

Commencez par ce que vous vous reprochez et sur les pages blanches que vous avez laissées, écrivez ce qui peut sincèrement expliquer votre attitude et inciter au pardon.

*Exemple :* vous avez écrit : «Je l'ai injurié et il a pleuré» et vous allez écrire sur l'autre feuille : «Je ne supportais plus qu'il soit aussi injuste à mon égard. J'aurais voulu qu'il comprenne mais il ne m'écoutait pas.»

Si vous ne trouvez rien, vous l'écrivez aussi : «Je ne sais pas ce qui a motivé mon attitude.»

Puis faites la même chose pour ce que vous avez écrit à propos de la ou des personnes qui étaient concernées.

*Exemple :* «Il m'a traité d'hypocrite et de menteur» et sur l'autre feuille : «Ce que je disais était trop difficile à entendre pour lui, lui faisait mal ou réveillait des souvenirs douloureux.»

Exercez votre lucidité tranquillement, prenez tout le temps qu'il vous faut, essayez d'être sincère, d'aller le plus loin possible dans ce que vous pouvez comprendre et sans jugement, dans la confiance et l'acceptation. Peut-être vous faudra-t-il plusieurs jours, peu importe. Ce qui est essentiel est d'arriver jusqu'au pardon, celui qui, soudain, arrive dans le cœur puis dans tout le corps, bienfaisant.

Quand vous avez fini votre réflexion, voyez à quel point chacun a ses raisons.

Remarquez que la colère est liée à des difficultés à communiquer, elles-mêmes liées à des implications affectives et émotionnelles différentes et divergentes.

Notez essentiellement que la colère éclate quand on a le sentiment de ne pas être entendu, ni écouté, de ne plus pouvoir communiquer avec l'autre.

Avez-vous remarqué que la colère vient souvent quand on veut prendre le pouvoir sur l'autre, que l'on n'accepte pas qu'il nous résiste, qu'il ne pense pas ou ne ressente pas comme nous, quand il nous apparaît, de toute évidence, qu'il a tort, quand il ne correspond pas à notre désir, quand il n'est pas conforme à l'image que l'on a de lui ?

Soyez dans tous les cas content de cette situation, elle vous a permis de savoir où vous en êtes et de connaître vos limites

Relisez tout ce que vous avez écrit, calmement, les mains sur le cœur.

Quand vous sentez que vous êtes prêt, quand vous ressentez de la compassion pour vous et / ou pour l'autre, quand grâce à cette situation et au travail que vous avez fait dessus, vous pouvez retrouver le calme, alors vient le pardon qui coule tranquille, bienfaisant et votre respiration est profonde, ample, calme, et les battements de votre cœur lents et réguliers. Vous pouvez l'offrir à la lumière avant de relire en lui disant : «Je t'offre mon travail sur la colère, puisses-tu m'aider à me réconcilier avec moi-màme et avec ceux qui y sont impliqués si tel est mon chemin.»

Alors vous relisez tranquillement, dans la confiance.

Vous avez fait un travail qui vous rend plus transparent, moins opaque et la lumière pourra trouver son chemin en vous.

# REMARQUES

Sachez et remarquez qu'au fur et à mesure de votre travail, de votre cheminement, vous êtes plus calme, plus paisible, et, que peu à peu, vos relations avec votre entourage changent.

Il y a des personnes qui ne sont pas prêtes au changement, qui ont peur et qui essaient de relancer le jeu qu'elles connaissent avec vous. Vous remarquerez que c'est souvent ainsi. Si vous travaillez avec sincérité sur vos colères, il se peut que vous soyez confronté à des situations qui cherchent à faire ressurgir ces comportements. Accueillez-les avec reconnaissance car elles vont vous permettre de savoir où vous en êtes de ce travail et ce qui n'est pas résolu. Toute situation est une opportunité, un cadeau pour comprendre et pour devenir plus clair. Remerciez, intérieurement au moins, celui qui vous a mis face à vous-même.

Il peut y avoir cassure. Ce n'est pas grave, c'est ainsi, les chemins se séparent pour que chacun trace le sien vers la lumière. Si vous avez un doute, une difficulté, un chagrin, faites comme le propose Mikhaël Aïvanhov par exemple dans le livre *La lumière, esprit vivant* «Va vers la lumière et parle-lui, dis-lui : 'lumière, toi qui es la plus intelligente, entre en moi, viens éclairer mon cœur et mon cerveau.' Et la lumière vient et vous éclaire.»

Continuez à lire l'ensemble du chapitre sur la colère et travaillez sur ce principe pendant vingt-et-un jours, observez-vous, prenez des notes, observez les autres, faites des exercices avec des initiés. Vous vous façonnez et vous nettoyez et la lumière trouve son chemin en vous et vous allez vers elle, vous vous construisez une vie de tous les jours heureuse, paisible.

Observez tout ce qui se passe en vous et avec les autres pendant vos vingt-et-un jours de travail sur ce principe. Prenez conscience que certaines situations vous ramènent à la colère, laissez-les passer, regardez-les, soyez curieux de voir quels mécanismes elles mettent en jeu chez vous, quelles émotions elles réveillent, quels sentiments. Reprenez tout cela sur votre cahier. Si vous n'avez pas pu laisser passer, écrivez-le, essayez de savoir pourquoi, posez vous simplement la question, la réponse viendra.

N'oubliez pas que vous pouvez avoir confiance, que votre travail vous permet peu à peu, pas à pas, de mieux vous connaître et de devenir transparent. N'oubliez pas non plus que rien n'est jamais acquis, «chaque jour sur le métier remettez votre ouvrage», mais que pourtant, peu à peu, vous vous délestez de vos fardeaux, vous vous «désengluez» de situations pénibles et vous travaillez à la paix en vous et dans le monde. Lorsque vous êtes en paix émanent de vous des vibrations qui concourent à la paix sur la planète.

Apprenez à vous aimer tel que vous êtes et à accepter les autres là où ils en sont. C'est ainsi que vous saurez choisir avec qui cheminer sans faire mal aux autres. C'est ainsi que la vie la plus simple sera pour vous une aventure de chaque instant.

# MÉTHODE 6
## pour tous

## TRAVAIL SUR LES RANCŒURS

Les rancœurs sont de vieilles colères larvées, enkystées, des histoires que l'on traîne comme des boulets, des situations verrouillées, enfouies dans le corps, ancrées, et qui peuvent être à l'origine de douleurs, de mal-être, de maladies. Peu à peu, au fur et à mesure de votre travail, elles vont pouvoir revenir à votre conscience. Travaillez sur elles comme vous avez fait lors des exercices précédents jusqu'au pardon.

Ecrivez-les, réfléchissez-les, jusqu'à ce que vous ressentiez dans tout votre corps compassion, amour, pardon.

**Si vous êtes initié** n'oubliez pas votre autotraitement et le traitement de situations. Donnez-vous du reiki, donnez du reiki à ces situations. Vous pouvez aussi les offrir à la lumière. Le traitement des ancrages négatifs tel que vous l'apprenez lors du premier degré est important à pratiquer dans ce travail.

Les ancrages négatifs sont souvent localisés là où vous avez appris au premier degré, mais vous découvrirez des points d'ancrage qui vous sont personnels et spécifiques et qui sont rattachés à votre histoire. J'ai, pour ce qui me concerne, découvert des ancrages négatifs et positifs liés au monde sonore de la petite enfance dans mon squelette, dans mes os. Ceci n'est pas surprenant quand on pense que les os sont conducteurs du son et que le squelette est notre charpente.

Pendant ce travail, pleurez si vous êtes triste, riez si vous avez envie de rire, ne retenez pas vos émotions, laissez les être, elles vous libèrent.

Dans ce travail sur les rancœurs, n'oubliez pas celles que vous vivez à votre propre égard, vous savez : quand vous vous en voulez. S'en vouloir est parfois insidieux, à peine conscient, soyez vigilant, acceptez le décalage entre ce que vous auriez voulu être et ce que vous avez été, acceptez aujourd'hui, ne cherchez pas d'alibi, de justification, acceptez, tout simplement. C'est souvent quand on s'en veut, quand on se sent coupable... que l'on entretient des rancœurs aussi à l'égard d'autrui : «Si j'ai été comme ça, c'est de sa faute, c'est parce qu'il était comme ça, et je ne lui ai pas encore pardonné, car c'était trop», etc.

Et tout entretient la rancœur contre l'autre que nous accusons de déterminer nos propres attitudes dont nous ne sommes pas fiers et dont nous pouvons même nous sentir coupables, ce qui nous rend rancuniers à notre propre égard. Quelle embrouille !

Certains aiment, y passent du temps, tricotent leurs rancœurs, une à l'endroit, une à l'envers. Dans le corps se préparent les aigreurs, l'acidité, tout ce qui est resté là, a fait poids, est resté en travers, a fait mal, n'a pas pu se digérer, tord encore les tripes, a noué l'estomac... nous a laissé sans voix...

## Quelques conseils

Pour chaque exercice quel qu'il soit, quatre jours peuvent être suffisants, dans tous les cas ne travaillez pas au-delà de vingt-et-un jours pour chacun. Ne relisez pas ce que vous avez fait la veille, continuez, peu importe si vous vous répétez, si vous le faites, c'est que vous en avez besoin. Apprenez à vous connaître mieux, à vous accepter, à vous aimer.

«Aide-toi le ciel t'aidera», dit-on, et vous pouvez ajouter : «Aime-toi, le ciel t'aimera.»

Et chaque jour, presque sans que vous vous en rendiez compte, vous allez vers la réconciliation et donc vers la paix.

Vous trouverez d'autres conseils et idées plus loin, quand j'aborderai la question «Comment vivre ce principe ?», mais avant, pourquoi ce principe ?

## Pourquoi ce principe ?

Il est bien difficile lorsqu'on est dans la colère, ou juste avant, ou juste après, de l'observer, de porter son attention sur le circuit qu'elle prend et sur ce qu'elle détermine ou induit dans notre vie et dans nos corps. Nous disons : «Il ne sait plus ce qu'il dit, il est en colère !», «Il s'est laissé emporter.»

Emporté est bien le mot car il s'agit d'un véritable déferlement dans le corps comme dans les paroles ou les actes. La colère est ravageuse, destructrice, elle est l'émotion qui ne se contrîle pas quand elle est déclenchée, même si elle n'éclate pas. Qu'elle éclate ou pas, elle est ravageuse pour celui qui la ressent et celui sur qui elle s'exerce, même s'il l'ignore, car ses vibrations sont puissantes.

Nous parlons de colère noire, folle, blanche, de se mettre en boule, de «bouffer» l'autre, de tuer, de massacrer. Nous parlons de violence, de haine, d'en «vouloir» à quelqu'un et la force et la puissance de la colère ne font aucun doute.

Cependant, en travaillant chaque jour sur ce principe, vous pouvez devenir plus observateur de vous-même et repérer peu à peu ce qui se produit en vous.

Dans tous les cas, donc, la colère fait mal.

Elle fait mal à celui qui la reçoit parce qu'elle le stresse, provoque en lui des peurs, la sensation d'un danger, d'être agressé, une émotion forte qui va se traduire dans son corps par un fonctionnement hormonal intense et une fatigue ensuite. C'est souvent pour cela que les enfants qui ont été sous la colère de leurs aînés vont se réfugier dans un coin où ils restent le temps qui leur est nécessaire. Nous disons qu'ils boudent, en fait, ils se reposent et attendent que l'organisme s'appaise parce qu'ils ont été «secoués».

Souvent ils sont recroquevillés dans un coin, puis se détendent peu à peu. Il est important de respecter ce moment bien sûr et de leur laisser le temps dont ils ont besoin.

Les aînés le font en les envoyant dans leur chambre, ou au «coin», ou dehors, en ajoutant même parfois : «Tu reviendras quand ça ira mieux» ou «quand tu seras calmé», etc.

Elle fait mal à celui qui se met en colère avant, pendant et après, même s'il la considère comme légitime. Généralement, après la colère, toute personne est fatiguée, a besoin de se reposer ou de s'isoler un moment, c'est pour cela que souvent le coléreux part en claquant la porte et ne sait pas toujours comment revenir après, quand tout va mieux dans son corps.

La colère est une émotion intense et fonctionne dans le corps comme le stress.

Les surrénales déchargent un flot d'adrénaline que nous ressentons tout de suite (coup au cœur) parce qu'elle est emportée par le sang et augmente le travail du cœur qui doit pomper plus rapidement. La contraction des vaisseaux sanguins augmente la pression sanguine du foie qui produit alors plus de glucose (carburant). Le pancréas est à son tour sollicité pour sécréter l'insuline et répondre ainsi au métabolisme nécessaire du sucre et l'estomac et les intestins bloquent leur fonctionnement pour que toute l'énergie de la digestion soit disponible ailleurs. La coordination cérébrale est assurée par l'hypophyse que l'adrénaline utilise pour distribuer les signaux.

Les Chinois savent depuis des siècles que la colère est reliée au foie et que les personnes «fragiles» du foie sont des personnes coléreuses, que la colère éclate en dehors ou seulement en dedans, qu'elle soit tournée vers autrui ou vers soi-même.

Dans tous les cas et comme le stress (endogène ou exogène), elle fait des orages, des tempêtes dans le corps.

Des surrénales, de l'adrénaline et la noradrénaline dépend l'équilibre du calcium et sa migration dans l'organisme.

Je me souviens d'une initiée qui racontait lors d'un travail sur ce principe que ses colères n'éclataient pas à l'extérieur et qu'elle faisait des crises de tétanie, elles-mêmes reliées à un déséquilibre en calcium.

Le contrôle du niveau de calcium dans le corps est assuré par les parathyroïdes qui se trouvent au chakra de la gorge. Et effectivement la colère signe l'incommunicabilité. On se met toujours en colère parce qu'on n'arrive pas à se faire entendre, c'est pour cela que le ton monte jusqu'au cri. Vous remarquerez comme les veines se gonflent dans le cou et comme il est tendu.

Le chakra de la gorge est celui de la communication. Dans la gorge se trouve également la thyroïde qui, elle, a le rôle inverse des parathyroïdes. Elle empêche l'absorption de calcium et provoque son excrétion rénale.

Nous redécouvrons avec les sciences actuelles ce que les Orientaux savent depuis des millénaires.

Mikao Usui, en proposant ce deuxième principe, donne la clé de la gestion de toute émotion forte. Dans le premier il donne la clé pour tout ce qui est insidieux comme le souci, dans le second pour tout ce qui est brutal, soudain, envahissant, impulsif comme la colère. De plus, il propose d'aller peu à peu vers l'amour inconditionnel.

*Un exemple. Lors d'une séance sur le principe, un initié parle de sa colère à l'égard de sa mère parce qu'elle boit. Il dit ses émotions, ce qu'il ressent : «Elle se fait mal, elle 'bousille' sa santé, c'est pas bien, c'est laid, ça sent mauvais, on ne peut pas la regarder et l'aimer quand elle est comme ça.»*

*Il ne se pose pas la question d'une souffrance qu'elle ne supporterait pas, ne pourrait tolérer, d'une violence qu'elle exerce sur elle plutôt que sur les autres, etc. Il ne se demande pas pourquoi, il n'accepte pas, c'est tout, et il est très en colère.*

*En y travaillant ensemble nous en arrivons à prendre conscience que cette situation le renvoie à ses propres intolérances, à sa propre souffrance, à son propre penchant pour la boisson dont il n'est pas fier et qui l'amène, à travers son jugement sur elle, à se juger lui. Il n'y a pas d'amour dans cette histoire, il y a de la culpabilité, de l'incompréhension. On ne peut pas aider sa mère qui boit en le lui interdisant ou en se mettant en colère. La colère signe, là, l'absence de communication, le sentiment d'impuissance et la peur.*

Celui qui est coléreux fonctionne dans l'impossibilité à se donner de l'amour et à en donner à autrui, il a peur de lui et des autres. Il appartient bien sûr à chacun d'en prendre conscience et de savoir à quoi cela se rattache.

Celui qui est coléreux est un peureux. La peur amène

à rechercher le pouvoir sur l'autre pour qu'il soit comme on le veut et qu'on n'ait plus à le craindre. La recherche du pouvoir signe la peur, la colère, elle, signe l'impuissance, l'intolérance à la résistance ou à la différence de l'autre.

Les arts martiaux qui forment les gens au courage font travailler le hara, la zone des peurs, jusqu'à ce que la peur soit transcendée en courage, en force, et l'homme devient alors pacifique, il n'est plus en colère parce qu'il maîtrise ses peurs et / ou les transcende.

En suivant le fonctionnement hormonal de la colère, la façon dont elle déferle dans le corps, vous comprenez déjà pourquoi la personne est fatiguée après sa colère.

Si elle n'éclate pas, l'état de tension interne ressenti s'apaise peu à peu aussi.

Regardez autour de vous, regardez une personne en colère, les yeux qui se rétrécissent, s'assombrissent, les narines qui palpitent, les mâchoires qui se contractent parfois à tel point que les lèvres deviennent plus tirées, plus pincées, plus fines, plus crispées, tous les traits du visage se tirent, les veines commencent à se gonfler, les muscles se tendent, deviennent hypertoniques, les doigts se crispent, se serrent parfois, la démarche change, devient plus raide... tous ces signes d'une tonicité plus forte, plus intense, qui précèdent juste la colère, qui montrent qu'elle s'installe et va éclater, expliquent aussi la fatigue qui va suivre. Que la colère éclate ou pas, toutes ces tensions vont se relâcher et faire place alors à la fatigue. Une fois détendue la personne est fatiguée. Certaines méthodes de relaxation sont basées, entre autres, sur ce principe où on propose à la personne de tendre ses muscles pour mieux les relâcher.

La colère, quand elle éclate, dure le temps de l'expulsion de toutes ces tensions. Après la colère, juste après, la personne est essoufflée tant sa respiration était courte et même bloquée juste avant que la colère éclate. Pendant qu'elle éclate, souvent c'est une longue expiration par la gorge qui explique l'essoufflement qui lui succède, ou une série d'apnées ou de respirations très courtes. Tous ces signes observables sont étroitement liés avec le déferlement hormonal. Quand les intestins et la digestion se bloquent, cela correspond aussi au moment où les muscles abdominaux se tendent. Si la colère n'éclate pas, les tensions ne sont pas réduites aussi vite, c'est plus long, plus difficile, plus douloureux et les traces, les empreintes laissées sont plus marquées. C'est pour cette raison que les psychothérapeutes proposent des situations permettant d'évacuer les colères de façon à ce qu'elles ne rongent plus les personnes et ne risquent pas de s'enkyster.

**Tout cela nous coupe de l'amour, de la paix, de la santé, de la lumière.**

La colère nous met en conflit, exacerbe l'ego, qui sans doute l'est déjà pour que la colère puisse exister. Elle montre à quel point nous sommes totalitaristes, ne supportant pas la contradiction, la différence, intolérants par peur, manque d'amour, de confiance en nous-même et dans l'autre, par difficulté à communiquer ou à accepter tout simplement que la communication ne soit pas possible.

*Je me souviens d'un soir où je travaillais avec des amis et où, sans doute parce que je n'adhérais pas à une proposition de travail, mon ami me dit, à deux heures du matin que cela faisait plus d'une heure que je «l'emmerdais» ! Ma première réaction fut de me mettre en colère parce que j'étais blessée et la deuxième, juste après, de ne pas être en colère et de constater simplement ma blessure et l'impossibilité de communiquer. Je pris donc mes affaires et partis. Je précisais le lendemain que je les aimais trop pour les «emmerder» et que, par conséquent, je ne travaillerais plus avec eux dans les mêmes conditions.*

*Dès lors je réussis à être ferme et aimante à la fois et la colère n'avait plus de place dans cette relation.*

J'ai pu en déduire aussi qu'il est possible d'affirmer ses choix de vie avec fermeté, sans aucune violence, au contraire, et que souvent la colère pallie un manque d'affirmation de ses choix parce qu'on ne les connaît pas bien ou qu'on n'en est pas sûr. Je ne suis pas sûre que mes choix d'aujourd'hui seront les mêmes demain mais pour aujourd'hui ils me conviennent.

La colère est donc aussi l'expression d'une fragilité et m'apparaît comme une réaction de défense face à ce qui menace ou met en péril l'ego ou une de ses constructions. Elle est aussi une réaction secondaire à une douleur. *Par exemple :* au lieu de constater que ce que m'avait dit mon ami m'avait fait mal, j'aurais pu me mettre en colère, comme pour chasser cette douleur ou cette blessure qui me signifiait qu'il ne m'aimait pas. Dans ce cas, qu'il m'aime ou pas, moi je l'aimais et pouvais accepter que ce ne soit pas réciproque. Donc, pas de colère, au contraire, de l'amour.

La fermeté est possible quand il n'y a pas de complaisance, pas de jeu de séduction pour être aimé, la fermeté est possible quand l'amour que vous donnez n'attend rien en retour et est ouvert à tout, peut tout accueillir, quand l'amour que vous donnez est enraciné dans le cœur, pas dans l'ego. Il est facile à reconnaître, il est chaud et vibre au thymus, à la gorge et au troisième œil, alors que l'amour véhiculé par l'ego irradie au plexus et / ou au ventre. Il suffit d'écouter son corps pour savoir.

La colère peut aussi exprimer un manque d'enracinement à la terre. Plus vous êtes enraciné, plus vous recevez l'énergie terrestre et plus vous êtes ferme et sans peur, dans la confiance humble et simple, dans la force tranquille que vous donne cette énergie. Votre pas est sûr, votre cadence stable, régulière, paisible sur le chemin. Par contre, si vous trébuchez assez souvent, vous serez irritable. Cette énergie est votre sève, c'est elle qui vous unit aux saisons, qui vous invite au soleil, qui vous fait humer l'odeur de la terre à la première pluie, écouter le voyage du vent dans les arbres, ouvrir grands les bras sous les étoiles et la lune, savourer à pleins poumons les parfums de l'herbe coupée, des mousses et des fougères, leur odeur lourde et chaude l'été, c'est elle qui vous enroule dans sa tendresse tiède quand vous êtes triste, qui sacre silencieusement et avec délicatesse votre amitié avec les arbres, qui vous nourrit et vous abreuve quand vous êtes seul et que vous en avez mal partout, qui vous parfume des odeurs simples de la vie et qui vous apprend tout. C'est d'elle que vous êtes l'enfant et elle est d'une infinie tendresse.

L'homme reçoit les énergies du ciel et de la terre qui s'enroulent, se déroulent, se mêlent en lui pour le guider vers l'humilité. Acceptez de ne pas savoir, c'est notre condition d'être humain, recevez ce qui vous est donné avec gratitude et c'est la sérénité que vous vivrez.

Nous voilà bien loin de la colère ! Peut-être suffit-il de s'enraciner pour ne plus être coléreux et ainsi ne plus se faire mal ni faire mal aux autres, juste aujourd'hui ? Peut-être suffit-il, pour s'enraciner, de se promener pieds nus dans la rosée, tête nue au soleil, le nez au vent, les oreilles dans les chants des oiseaux et des rivières, les mains sur un caillou lisse ou un rocher rugueux, le ventre un peu en avant et le dos droit ? Peut-être alors que le silence aura bon goût, un meilleur goût que l'aigre-doux, l'acide ou le fiel des colères ?

## COMMENT VIVRE CE PRINCIPE ?

**Comment s'aider, s'accompagner dans ce principe ?**

### Pour tous :

En apprenant à vous observer, à écouter votre corps, les vibrations de ses émotions et sentiments.

En vous en remettant à la lumière quand vous commencez votre journée : «Aujourd'hui pas de colère, juste aujourd'hui», qu'il en soit ainsi.

En faisant ce que préconise M. Aïvanhov pendant la lune décroissante dans le *Livre de la magie divine* : «Regarde la lune, lève la main droite et dis : 'Comme la lune décroît, que la colère en moi diminue et disparaisse, pour la gloire de Dieu.'» Vous le dites trois fois en levant la main.

En demandant le reiki, énergie de paix, d'amour, de santé et de lumière dans la maison, dans la pièce où vous travaillez, à l'intérieur de vous-même. Pour cela, le matin ouvrez vos bras et vos mains vers le ciel, en étant debout face à l'est et demandez dans votre cœur que le lieu et vous-même reçoivent le reiki. Puis tournez vos mains paumes vers la pièce pour lui transmettre l'énergie et enfin posez-les sur votre cœur avec gratitude.

En laissant passer la vie, l'amour, en lâchant prise, ce qui permet une autre conscience et une autre lucidité sur les événements, les situations, les relations.

En respirant à pleins poumons et lentement, expiration deux fois plus longue que l'inspiration, respiration complète, respiration abdominale.

En riant : n'oubliez pas l'humour.

En posant votre main sur un arbre avec amitié.

En mangeant une nourriture équilibrée, des céréales, des légumes, des fruits frais.

En vous débarrassant peu à peu de tout ce que vous avez appris, des idées que vous avez reçues, des valeurs qui ne sont pas réellement vôtres.

En faisant un baluchon de ce qui reste, il sera léger à porter et bien suffisant.

En vous affranchissant de toute idéologie pour vivre le risque de vos incertitudes et de votre authenticité, donc en méditant. La méditation est l'état de lâcher prise et vous n'êtes pas obligé d'être assis sur un coussin et tourné vers un mur pour y parvenir (bien que parfois cela puisse sérieusement aider !).

### Pour les initiés

Vous pouvez vous aider en faisant votre autotraitement qui est aussi une méditation bien sûr.

Pour la colère : si vous êtes coléreux, traitez longuement votre foie. Si vous êtes deuxième degré faites le symbole du traitement mental sur votre foie, il favorisera les prises de conscience et le nettoyage des vieilles colères, des rancœurs.

Puis que vous soyez premier ou second degré, laissez une main sur le bas-ventre sous le nombril, et posez l'autre sur la gorge, puis sur le cœur, puis sur le plexus, la rate, le foie, puis sur le bas-ventre avec l'autre, puis sur le périnée, puis sur le sommet de la tête (chakra coronal), puis sur le front (chakra frontal), enfin posez les deux mains sur le cœur.

Si vous êtes second degré vous pouvez faire des traitements de situation, des traitements karmiques, etc., comme pour le principe précédent, toujours au rythme de quatre jours ou vingt-et-un jours. Cela favorisera la réconciliation et le pardon dans votre cœur.

### Pour tous

Travaillez sur la réconciliation et le pardon.

Apprenez à voir et reconnaître la souffrance des autres. Même si elle nous parait dérisoire, pour celui qui la vit, elle ne l'est pas.

Donnez ou plutôt laissez passer la confiance et l'amour pour des étrangers.

Envoyez amour et lumière à votre ou vos ennemis pour les remercier de vous confronter à vous-même.

Protégez-vous de l'intrusion et de l'agressivité d'autrui en vous visualisant dans la lumière, dans un cône de lumière, entouré de lumière.

Demandez la protection de la lumière dès le matin.

Les initiés peuvent utiliser la sphère d'argent.

Si quelque chose vous fait mal, ne vous laissez pas atteindre, visualisez une fleur ou quelque chose que vous aimez ou un miroir tourné vers l'extérieur et qui renvoie à l'expéditeur (effet boomerang), puis essayez d'être conscient de ce qui s'est passé pour vous.

N'entrez pas dans tous les jeux relationnels sans les observer, restez témoin, lucide, attentif, au début vous aurez l'impression d'y perdre en spontanéité, après vous pourrez être spontané tout en étant attentif et sans rien perdre de votre acuité et de votre lucidité, vous serez dans une qualité de présence accrue. Essayez de ne pas être aliéné à vos besoins, pour cela apprenez à les connaître, à voir comment ils déterminent vos comportements.

Trouvez le mot clé, le mot résolution qui va vous aider à être dans le principe, en vous aidant du premier exercice si vous ne l'avez pas fait (c'est le mot que vous avez entouré si vous l'avez fait et que vous entourerez si vous ne le faites que maintenant). Ancrez-le en vous, il aura une dimension personnelle magique qui vous permettra de ne pas être en colère, juste aujourd'hui, il suffira que vous le prononciez dans votre cœur quand vous sentez que la colère vient. Peu à peu vous ne vous laisserez plus surprendre par la colère, vous saurez quand elle arrive et vous aurez le choix juste un instant. C'est là que le mot a son importance, son impact. Vous verrez que ce mot clé vous ouvrira des univers, des horizons, peut changer votre vie.

Pour vous l'approprier, au début écrivez-le de façon à pouvoir l'avoir sous les yeux tout au long de votre journée, sur un papier que vous mettez dans votre poche par exemple, ou bien chargez un objet de le représenter. Si, par exemple, vous avez une bille, un caillou, un marron, un cristal, une bague, que vous portez ou pouvez porter tout le temps avec vous, prenez-le dans vos mains, dites-lui votre mot clé puis gardez le dans le creux de vos mains fermées un moment. Puis soufflez dessus en pensant le mot.

Le souffle va ancrer, enraciner le mot dans l'objet. Il sera alors chargé de votre mot clé et vous aidera ainsi au fil des jours. Vous créez ainsi votre égrégore, une forme-pensée positive, constructive qui peut être très puissante et changer votre vie. Les enfants le savent, souvenez-vous et utilisez cette puissance créatrice pour vous. Donc, utilisez ce mot dès que vous sentez que la situation que vous vivez risque de vous faire basculer dans la colère ou dans la culpabilité. Utilisez-le pour qu'il vous protège, vous aide à prendre conscience, à avoir l'attitude juste pour vous et pour les autres, pour que vous ne soyez pas submergé par vos affects, pour traiter la situation dans son ensemble. N'hésitez pas à vous en servir. Si un jour vous en voulez à quelqu'un ou si vous vous sentez coupable, écrivez tout cela sur une feuille, tout, y compris tout ce qui vous pèse, qui vous paraît laid, inavouable, illégitime... Signez avec votre mot clé, donnez du reiki à votre feuille puis brûlez-la.

Surtout vivez dans la confiance.

N'oubliez pas de donner du reiki à tout votre travail, à chaque situation, souvenir, découverte, prise de conscience.

Offrez ce que vous ressentez à la lumière, vous serez guidé.

# TROISIÈME PRINCIPE
# HONORE TES PARENTS, TES PROFESSEURS, TES AÎNÉS

Contentez-vous de lire ce qui est écrit, choisissez de pratiquer ou pas ce qui est proposé. Surtout ne faites rien si vous ressentez la moindre réticence.

Tout ce qui est écrit ici n'a de valeur que pour moi, au moment où je l'écris.

Je vous le donne à lire simplement pour le plaisir de le partager avec vous, mais surtout ne le prenez pas pour guide, vous êtes votre propre guide.

**Le maître est en vous.**

Le partage n'implique pas du tout que nous soyons en accord, il favorise simplement l'échange.

## EXERCICES ET CONSIDÉRATIONS

**Honorer : traiter avec respect, estime, considération.**

Je suis fille du vent et du soleil, de la terre et des océans, du désert et des étoiles. Les fougères, les rivières, les saisons, les cailloux, les dauphins, les araignées, les singes, les serpents, les pingouins, les aigles, les chats, les éléphants, les enfants, sont mes professeurs, les arbres mes aînés.

**Tout me précède et m'enseigne.**

Je suis fille, élève ou disciple, cadette de ceux qui me précèdent. Je suis aussi fille et disciple de ceux que je précède car le temps, l'âge, n'ont rien à voir avec la sagesse, l'intelligence de la vie, la compassion.

Le lien que vous avez, que j'ai, avec les parents est un lien karmique. Il est fait d'amour et d'agressivité, de tendresse et de pouvoir, d'incompréhension, d'autorité, de malentendus et de bien entendus, de fragilité, d'inquiétude, de force et de faiblesse, il est fait de ce que chacun y a donné et retenu, de la trajectoire et de l'histoire de chacun, il est fait de votre égoïsme et de votre générosité d'enfant, de leur égoïsme, leur mal de vivre, leur générosité de parents.

Vous avez les parents que vous méritez et ils ont l'enfant qu'ils méritent, à chacun de s'ouvrir à la vie et de grandir dans cette relation et grâce à elle, quelle que soit la qualité que vous lui reconnaissez aujourd'hui.

**Qui n'a pas de reproches à formuler ?**
**Qui a des louanges à faire ?**

Sur une feuille écrivez vos reproches, tous. Puis barrez le moins important et continuez ainsi jusqu'à ce que reste celui qui est dominant.

Ecrivez-le sur votre cahier. Puis, attentivement, écrivez toutes les qualités que vous pouvez lui attribuer.

*C'est ainsi qu'en pensant à ma mère j'avais gardé comme reproche essentiel l'abandon. Après avoir cherché les qualités de cet abandon : mon indépendance, mon autonomie, ma liberté, mon goût de l'aventure, sa liberté, etc., j'ai trouvé celle qui était la plus précieuse à mes yeux : elle ne m'a pas éduquée ! Pas d'idées reçues dont j'aurais eu à me défaire, en espérant y arriver, du genre fidélité, soumission à son mari et d'autres, plein d'autres que je respecte sans y adhérer l'ombre d'un instant car, à mes yeux toujours, elles sont comme des lois, des règles de vie faites pour combler le vide d'amour. Quand il y a amour, il est inutile d'inculquer la fidélité, le respect, l'honnêteté. Quant à la soumission, ma rébellion peut y répondre. Donc, je suis finale- ment assez contente qu'elle ne m'ait pas éduquée. Profondément, cela m'a réconciliée avec elle car jusque-là je souffrais de cet abandon. Cette réconciliation m'a permis de la voir, de la regarder, de la considérer et je me suis prise d'estime pour cette femme qui a bravé les valeurs de son époque pour construire sa vie, qui m'a aimée à sa façon, même en me quittant, qui a su se réaliser professionnellement, socialement, religieusement, puis- qu'elle est chrétienne et qu'elle vit sa chrétienté au quotidien.*

*Je me suis prise d'estime pour elle parce que je n'en attendais rien. C'est alors que j'ai compris que je l'aimais depuis toujours et je le lui ai écrit : «Petite mère, je t'aime.» Cela me paraissait d'autant plus important qu'elle commençait à vieillir et qu'il me paraissait bon pour elle qu'elle sache mon amour. Voilà, c'est une histoire d'amour.*

*Un jour, mon fils m'attendait pour me dire : «Ta mère, mamie, est dans le jardin.» C'était vrai, c'était bien. Rencontre de deux femmes, filles du vent et du soleil, pleines d'estime, de tendresse et d'amour.*

La réconciliation est source de paix, la réconciliation a le temps, elle a tous les temps, tous les espaces, que le parent soit incarné ou ailleurs, tout est possible, l'amour est comme la lumière, il est lumière.

Tout est possible quand vous choisissez d'être vrai, quand vous choisissez de tout risquer, de tout perdre. Mais, alors gagner ou perdre n'a plus de sens, tout bascule et c'est mer- veilleux, c'est un nouveau monde, ici et maintenant, et vous êtes bercé par le flux et le reflux des vagues de la vie. Il suffit de lâcher, de ne pas attendre, de ne pas vouloir. Pour lâcher, ne pas attendre, ne pas vouloir, rien d'autre à vivre que le désir. Vivez votre désir, devenez votre désir, soyez votre désir, complètement, ne soyez plus que lui, puis donnez-le à la lumière, offrez-le-lui.

Ecrivez tout ce que vous voudriez, tout ce que vous voulez de vos parents, tout, même ce qui vous paraît complètement impossible. Rêvez, rêvez tout, désirez-le jusqu'au plus profond de vous-même, soyez ce désir jusque dans chacune de vos cellules, vivez-le complètement, écrivez-le ainsi sur votre feuille, dans votre cœur, dans votre corps, qu'il soit votre lymphe, qu'il vous irrigue en passant par le moindre de vos vaisseaux, puis et seulement à ce moment-là, offrez-le à la lumière.

Brûlez votre feuille et regardez-la brûler les mains ouvertes vers le ciel, en signe d'offrande, à cœur ouvert.

Quand il n'y a plus rien, posez les mains sur votre cœur et laissez passer tout ce que vous ressentez, n'arrêtez rien, laissez passer, regardez ce qui se passe sans vous y arrêter.

Vous pouvez faire cette démarche si vous avez travaillé les deux principes précédents, car ils vous auront permis d'être dans la confiance avec la lumière, ils auront tracé votre chemin. Si vous ne vous sentez pas prêt, surtout ne la faites pas, attendez de sentir que le moment est venu.

Quand vous aurez fait cela pour vos parents, ce sera quasiment acquis et très facile pour les professeurs et les aînés qui sont, tout simplement, ceux qui vous ont précédé et qui, à ce titre, ont pu et peuvent vous apprendre quelque chose ou peut-être rien, ce qui est encore un enseignement.

Offrir à la lumière, c'est faire votre deuil, c'est renoncer, ne plus attendre, vous lui avez donné.

Vous remarquerez alors que vous pouvez laisser votre lucidité s'exercer sans que vous en souffriez, au contraire, vous en serez content. Cette attitude, cette démarche, vous pouvez bien sûr la vivre pour vos relations, pour des situations diverses.

Sachez que vous passerez par des moments d'intense vulnérabilité, de dépouillement total, inéluctable, par des deuils qui maintenant vous paraissent impossibles, horribles, trop douloureux. Curieusement, au moment où vous les faites, vous les vivez et voilà. Simplement, avant de vous y engager, soyez conscient que c'est une voie vers l'essentiel, que vous y risquez tout, qu'il ne vous restera rien et c'est à ce moment-là que tout bascule.

Jusqu'à ce principe vous étiez confronté à vous-même, au changement vis-à-vis de vous-même et d'autrui, il fallait que vous abandonniez des façons de penser, d'être, de ressentir, d'agir, qui vous faisaient mal et pouvaient faire mal aux autres. Avec le troisième principe, vous entrez sur une voie plus radicale où vous abandonnez votre désir d'être aimé, où vous abandonnez tout, vous ne pourrez même plus vous révolter, ce serait un leurre, une illusion, encore un désir.

Bien sûr, vous pouvez faire des courbettes à vos parents, vos professeurs et vos aînés, mais les honorer..., dans votre cœur..., et qui n'a pas mal à ses parents ? Et si vous avez la chance de pouvoir les honorer sans manquer de lucidité, tant mieux, c'est que vous le méritez. Si c'est simple et facile pour vous, passez au principe suivant après avoir bien profité, vingt-et-un jours, de celui-là. Soyez sûr toutefois d'être libre des idées reçues, inculquées, pour que puisse resplendir la lumière. Là encore, chacun va à son rythme et le choisit.

**Si vous êtes initié second degré** vous pouvez efficacement utiliser le traitement de relation et le traitement karmique pour donner de l'amour, de la lumière, la paix et la santé à votre histoire, à votre enfance, à votre relation avec vos parents et tous ceux qui vous ont enseigné et précédé. Prenez votre temps, ne cherchez pas à tout régler dès le début, laissez le reiki faire son chemin. Vous pouvez tout traiter, y compris les moments dont vous n'avez pas de souvenir.

Ne soyez pas surpris si vous rêvez beaucoup, si vous rencontrez des gens que vous ne voyiez plus depuis longtemps.

Soyez attentif à tout ce qui se passe pour vous, aux signes qui vous seront donnés pour comprendre et quels qu'ils soient, accueillez-les avec gratitude car ils ne sont pas le fait du hasard. Ils vous sont offerts pour comprendre, pour vous réaliser, pour favoriser votre lucidité, vos prises de conscience, votre guérison. Là, vous entrez dans la guérison mentale, dans ce qui correspond au second degré initiatique reiki.

Il se peut que vous ayez besoin de beaucoup de temps parce que vous reviendront des scènes, des situations qui entraveront votre possibilité d'honorer vos parents, vos professeurs, vos aînés. Traitez ces scènes, ces situations, quatre ou vingt-et-un jours, écrivez ce que vous ressentez sur votre cahier. Ecrivez ces situations, puis quand vous avez fini de les traiter, brûlez les feuilles où vous aviez écrit. Ayez confiance, vous serez libéré. Dans tous les cas vous savez que vous avez le temps. Donnez de la lumière à votre histoire, réconciliez-vous doucement avec elle, voyez comment elle vous a guidé vers votre chemin d'aujourd'hui.

Soyez attentif à l'écho que chaque situation trouve dans votre corps et donnez vous du reiki. Faites votre autotraitement au moins une fois par jour. Il se peut que vous ayez besoin que ce soit quelqu'un d'autre qui vous fasse des soins, un autre initié, pour que vous puissiez mieux lâcher prise. N'hésitez pas à le faire, si vous pouvez.

Le traitement mental associé à l'autotraitement ou au soin, en début ou en fin, est particulièrement intéressant quand vous travaillez sur ce principe.

N'hésitez pas à rencontrer votre maître reiki. Il pourra vous donner quelques conseils ou vous poser la question qui vous permettra de continuer votre chemin.

Si vous avez l'idée de l'aventure du troisième degré, prenez le temps de travailler sur ce principe. Il vous ouvre la voie.

Ne vous pressez pas, soyez patient, apprenez la patience, elle est le gage de votre authenticité. Soyez attentif, vigilant.

Il se peut que le rythme de votre sommeil soit modifié. Il se peut que vous dormiez plus ou beaucoup moins. Laissez faire, dans les deux cas cela signifie que le travail est en route, laissez-vous réagir. Parfois il est nécessaire de dormir davantage pour ne pas empêcher le travail. Parfois il est nécessaire de moins dormir pour exercer sa lucidité. Votre corps sait tout cela et réagit exactement comme il est bon pour lui. Si vous vous réveillez entre trois et quatre heures du matin, posez les mains sur votre cœur et mettez-vous à la disposition de la lumière, des maîtres, du cosmique. C'est l'heure. Faites-le après avoir fait un traitement à distance pour ceux qui en ont besoin, que vous les connaissiez ou pas, et pour la planète. Pour vous mettre à la disposition de la lumière, vous dites simplement dans votre cœur que vous êtes disponible pour tout travail ou soin dont vous êtes capable, vous faites les symboles comme pour un soin à distance et vous laissez vos mains sur votre cœur, puis vous lâchez prise.

Souvent, quand on travaille sur les principes et qu'on arrive là, au troisième, des situations se produisent, facilitant des prises de conscience. Des changements surviennent, peu à peu vous devenez plus disponible à la lumière et plus vous résolvez de situations personnelles et plus vous pouvez être son compagnon et œuvrer pour elle dans le silence. Quand vous serez au cinquième principe, ce sera évident pour vous, vous le vivrez.

# SE LIBÉRER DE SON HISTOIRE
## Comment ce principe est-il principe de guérison ?

Il l'est parce qu'il vous permet de vous libérer de votre histoire.

Il l'est parce qu'étant libéré de votre histoire, vous n'allez pas la reproduire et donc, vous ne prendrez pas à votre propre compte les problématiques, les symptômes et maladies familiales. Vous ne serez pas diabétique ou rhumatisant parce que chez vous on l'est de père en fils ou parce que la grand-mère l'était. Vous êtes libre de ce lien qui fait, qu'inconsciemment, en intégrant la relation avec vos proches, vous avez intégré leur problématique.

Il l'est parce qu'étant libéré de votre histoire vous ne ferez pas une maladie nécessaire pour la purger, vous «n'en ferez pas une maladie» !

Il l'est parce qu'étant libre de votre histoire, vous serez libéré des ancrages émotionnels négatifs que, peu à peu, vous aurez défait des liens pathogènes.

**Observez, si c'est nécessaire pour vous, comment vous êtes déterminé dans vos fonctions vitales par votre histoire :**

## La fonction de nutrition

Comment vous nourrissez-vous ? Quel rapport avez-vous à l'alimentation ? Quelle est votre façon d'exercer la fonction nourricière ? Acceptez-vous que le repas que vous avez préparé soit refusé par votre compagnon ou votre compagne, par vos enfants, vos invités, sans vous sentir refusé vous-même ?

Quand vous mangez, que mangez-vous ?

Prenez-vous votre temps pour vous nourrir ?

Donnez-vous du reiki à votre nourriture avant de la manger, si vous êtes initié ?

Bénissez-vous votre nourriture ?

Remerciez-vous dans votre cœur ?

L'avalez-vous ?

Aimez-vous manger ?

Comment assimilez-vous ce que vous mangez ?

Qui préparait vos repas quand vous étiez enfant ?

Comment se passaient-ils ?

Posez-vous toutes les questions et surtout celle qui va vous permettre de voir plus clair.

Comment avez-vous exploré le monde avec votre bouche quand vous étiez nourrisson ? Que vous reste-t-il de cette histoire ? Quel rapport avez-vous aujourd'hui avec votre entourage et votre environnement qui se rapporte à l'oralité, à votre bouche ?

Etes-vous bavard ? Silencieux ? Aimez-vous embrasser ? Mordre ? Mordiller ? Faites-vous beaucoup de bruits avec votre bouche quand vous mangez ? Quand vous ne mangez pas ? Quelles images avez-vous des seins ? Quels rapports avez-vous avec eux ? Les seins sont-ils érotiques pour vous, nourriciers ? En avez-vous peur ? Sont-ils source de plaisir, de déplaisir, d'indifférence ? Comment les avez-vous investis ?

Il n'y a pas de bonne ou de mauvaise réponse. Ce qui est important est de découvrir ce qui, dans votre histoire orale, peut faire ancrage négatif, peut vous faire souffrir, vous rendre triste ou bien, au contraire, ce qui vous satisfait pleinement et que vous voulez garder. Dans les deux cas, envoyez de la lumière, donnez du reiki, lâchez prise.

**Si vous êtes second degré,** utilisez autant que nécessaire le traitement karmique.

## La fonction d'excrétion

Aimez-vous vos odeurs ? Vous installez-vous confortablement dans vos toilettes? Faites-vous partie des gens qui ont une vraie bibliothèque autour de leurs toilettes ou au contraire de ceux qui se dépêchent ou attendent le dernier moment ?

Etes-vous dérangé par le changement de lieu, d'habitude ? Amenez-vous votre pharmacie à intestin et digestion en vacances, en stage ?

Avez-vous tendance à tout garder (constipation) ou à ne rien retenir  (diarrhée) ?

Vous délectez-vous à faire profiter les autres de vos odeurs ? De vos bruits ? Ou bien êtes-vous gêné si malgré vous, un gaz, un vent, un pet vous échappe ?

Comment vivez-vous votre intimité ?

Tout cela s'est joué il y a longtemps quand vous étiez enfant et se joue encore aujourd'hui. Combien de personnes ont une colite chronique, des dérangements intestinaux fréquents, des problèmes de vessie, dont l'ancrage est dans cette histoire.

Comme pour la nutrition, posez-vous les questions et donnez de la lumière à toute cette histoire qui s'est jouée il y a longtemps, mais qui est toujours là.

## La fonction sexuelle

Là se posent les questions de la culpabilité, de la castration, des phantasmes. Là se pose la question de l'amour et du désir. Combien de personnes sont coupées à la taille ? Comme si le désir était moche, sale, coupable, alors qu'il est l'expression de l'amour !

J'aime tout particulièrement le tantrisme où se mêlent désir, amour, énergie et lumière, où s'unissent les partenaires, les amants, dans l'écoute attentive l'un de l'autre pour un orgasme transcendé, celui de l'éveil.

La sexualité est la pulsion de vie.

La génitalité fait partie de la sensualité qui est d'autant plus épanouie que la pulsion de vie est intense, forte.

C'est elle, avec les deux fonctions précédentes, qui nous enracine à la vie. Elle naît avec nous, entre dans notre premier souffle. Elle se développe et s'épanouit au fil des aventures de notre enfance, elle peut aussi s'étioler, être malingre, chétive, faible, anémiée, si elle a été trop maîtrisée, sanctionnée, refoulée...

N'ayez aucune crainte sur tout ce que vous allez découvrir, demandez à la lumière de vous guider et donnez du reiki à toute votre enfance par rapport à cette fonction qui, souvent, est celle qui a été la plus réprimée.

Cela peut avoir des retentissements sur votre sexualité présente, et c'est tant mieux, en l'épanouissant vous épanouissez votre pulsion de vie, vous vous enracinez, c'est tout votre être qui s'épanouit. En développant votre sensualité, vous développez la possibilité de devenir plus sensible à tout ce qui vous entoure et donc à l'énergie. Vous renforcez votre vitalité et une sexualité épanouie est la source de la simplicité, de la paix intérieure. Heureuse et réalisée, elle ouvre la porte au calme et à la spiritualité. Totalement réalisée, elle est spirituelle.

## S'habiller

«Dites-vous comment vous vous habillez, vous vous direz qui vous êtes», mais attention l'habit ne fait pas le moine !

Y a-t-il des matins où vous ne savez pas quoi mettre ?

Y a-t-il des matins où vous choisissez ce que vous avez de plus doux ? De plus chaud ?

Comment choisissez-vous vos couleurs ?

Avez-vous remarqué que souvent la couleur est en rapport avec ce que vous ressentez, ce que vous vivez, ce que vous allez vivre dans la journée ?

Y a-t-il des jours où vous achetez vos vêtements trop grands ? Trop petits ? Où vous n'arrivez pas à choisir, vous décider ?

Aimez-vous le fonctionnel, le sportif, le décontracté, l'habillé ? Avez-vous des désirs de séduction ? De camouflage ? Aimez-vous paraître ? Passer inaperçu ? Aimez-vous ce qui est ajusté, près du corps, comme pour mieux en sentir les contours, ou, au contraire, ce qui est ample, vaste, favorise le mouvement, ce qui est chaud, doux, lisse, soyeux, frais ?

Tout cela vous parle de votre enfance et de la façon dont elle s'est imprimée sur votre peau et dans votre corps. Tout cela vous parle de la façon dont vous l'avez vécue, ressentie, intégrée.

## Se laver

Prenez-vous votre temps ? Préfèrez-vous une douche tonique ou un bain détente ? De quoi vous lavez-vous ? Avez-vous besoin d'eau tiède, très chaude, fraîche ?

Quelle relation avez-vous avec votre corps, donc avec vous-même ? Energique ? Efficace ? Sans complaisance ? Tendre ? Méticuleuse ? Scrutatrice ? Indulgente ? Gênée ? Maladroite ? Avez-vous plaisir à vous toucher, vous laver ? Prenez-vous un gant ? Vous enveloppez-vous dans un drap de bain ou vous frottez-vous énergiquement avec une serviette ? Vous regardez-vous dans le miroir ? Comment ? Aimez-vous votre image ?

Tout cela est important parce que signifiant de la relation que vous avez avec vous-même et déterminant de votre santé physique, mentale et spirituelle. La psychologie d'aujourd'hui le sait bien et les psychothérapies aident à avoir une bonne relation avec soi-même, avec son corps, sachant que c'est la condition de base d'une bonne santé et de l'épanouissement. Vous apprenez à vous habiter.

Les équipes de pédiatrie y sont maintenant attentives et savent que les gestes professionnels sont insuffisants pour les nouveau-nés qui ont besoin de caresses, de contacts, d'être peau à peau, corps à corps, chaleur à chaleur, odeurs à odeurs avec «l'autre maternant». S'ils n'ont pas cela, ils peuvent en mourir ou en porter la carence et des séquelles toute leur vie et c'est parfois très grave (hospitalisme).

## Et après ?

Puis vous pourrez explorer votre histoire à l'école, avec les copains et les professeurs, les instituteurs, les «maîtres». Et là aussi vous aurez à traiter des situations, des souvenirs. Peut-être qu'un maître n'est pas celui qui vous apprend quelque chose, mais plutôt celui qui vous apprend à apprendre ? Peut-être n'est-il pas celui qui sait, mais celui qui découvre avec vous ? N'hésitez pas à exercer votre jugement critique, soyez lucide sur tout ce que vous avez vécu et ce que l'on vous a inculqué. Est-ce que cela vous appartient vraiment ?

Puis viendra la saison de l'adolescence où tout s'est rejoué, où vous avez grandi, où vous vous êtes battu, affronté, confronté... Là encore, situations aiguës, intenses, à comprendre, à traiter, à offrir à la lumière.

Allez ainsi, pas à pas, dans votre histoire, pas forcément de façon chronologique, d'abord dans les souvenirs qui viennent et qui en feront surgir d'autres, etc. Faites attention de ne pas vous y perdre, n'hésitez pas à faire appel à quelqu'un si vous le sentez nécessaire, ce travail est un travail difficile.

Certaines personnes passent des années avec un psychanalyste ou un psychothérapeute pour le faire.

Avec le second degré reiki vous pouvez faire ce travail mais il se peut que vous ayez besoin d'une aide ponctuelle à un moment. N'hésitez pas à vous en donner les moyens. Vous pouvez la trouver auprès d'un spécialiste, d'un ami, d'un initié, d'un maître reiki, ou pas reiki bien sûr, dans un livre, une technique, etc.

Ce que vous pouvez faire dès que vous vous mettez au travail ou en commençant votre journée, c'est de demander à la lumière qu'elle vous donne à découvrir ce que vous êtes en mesure de vivre et de ressentir et qui peut vous aider à guérir. Si vous êtes malade ou souffrant, cette démarche ira plus vite et plus loin parce qu'elle vous est nécessaire, vitale. Je crois, pour l'avoir vécu et retrouvé chez d'autres personnes, que l'on est plus disponible aux prises de conscience quand on en a un besoin vital. La démarche devient plus radicale et vous vous y consacrez entièrement parce qu'elle est devenue essentielle. L'échéance est plus présente, plus concrète, et nous fait aller de l'avant. Quand on est en bonne santé physique, l'échéance est plus lointaine, les obligations du quotidien nous enchaînent davantage, la spiritualité fait partie du temps libre que l'on choisit de lui accorder ou pas, tout au moins au début, et c'est bien ainsi certainement. On croit qu'on a le temps. C'est vrai, on a le temps... Autant de vies que nécessaire... Il est important de ne pas se presser pour cette démarche parce qu'elle est délicate, mais ce ne peut pas être une démarche de salon entre le thé et les petits gâteaux.

Vous n'êtes absolument pas obligé de tout «éplucher» en détail, il s'agit plutôt de vous poser la question de ce qui pourrait, dans votre histoire, entraver votre développement personnel, votre guérison, et d'entendre et écouter la réponse.

## QUELQUES CONSEILS

Comme pour les principes précédents, offrez votre journée à la lumière et demandez-lui de vous aider dans votre travail sur ce principe.

Ecrivez tout ce que vous ressentez, donnez-vous du reiki, offrez votre travail à la lumière quand vous ne pouvez pas aller plus loin.

### AUTOTRAITEMENT OU SOIN

Faites le traitement mental en début ou en fin.

Vous pouvez aussi le faire à chaque position de mains surtout si vous êtes très malade.

Vous pouvez le faire sur la gorge et le cœur puisque ce sont les deux chakras concernés : celui de la communication et celui de la compassion, de l'amour sans condition.

Après avoir traité la gorge, laissez une main dessus,

puis posez l'autre sur le cœur, puis sur le plexus, sur le ventre, le périnée, le chakra coronal, le chakra frontal, faites le symbole du traitement mental si vous êtes second degré, restez environ quinze minutes ainsi, puis finissez une main sur la gorge, l'autre sur le cœur. Laissez-vous flotter, autant que vous le sentez et que vous pouvez.

## Méditation au soleil

Laissez la chaleur du soleil faire son œuvre, contentez-vous de profiter de ce moment privilégié, les mains sur le cœur ou en mudra comme pour le premier principe. Soyez conscient du privilège de ce moment et vivez-le complètement, sentez, suivez le parcours de la chaleur dans votre corps, engrangez l'énergie que vous recevez, énergie feu.

## Méditation au bord de la rivière

Laissez couler l'énergie au rythme de l'eau, s'il fait chaud entrez dans l'eau, allongez-vous dans l'eau, laissez-la laver votre corps, le porter, laissez-vous flotter si vous pouvez.

Mettez toute votre conscience dans ce que vous vivez, ce que vous ressentez. Vivez pleinement ce moment. Il vous régénère. Vous recevez l'énergie de l'eau.

## Méditation sous les étoiles et la lune

Recevez l'énergie du ciel, elle est apaisante, vitalisante aussi, purifiante. Allongez-vous sous un ciel d'étoiles, regardez, regardez et regardez encore, paumes tournées vers le ciel. Allongé sur le sol, vous recevez aussi l'énergie de la terre. Laissez passer les sensations, les pensées, regardez, respirez à pleins poumons.

Puis soyez reconnaissant de ce moment et posez vos mains sur votre cœur, laissez infuser ce moment bonheur.

## Méditation sous un arbre

Choisissez l'arbre qui vous convient, asseyez-vous et posez votre dos contre le tronc. Accordez votre énergie avec la sienne en laissant flotter votre conscience et lâchez prise. Ne le quittez pas sans l'avoir caressé et remercié dans votre cœur.

**Tous ces échanges d'énergie avec les éléments vous permettent de vous enraciner, de sentir vos racines d'homme, votre filiation à l'univers, à la planète et, sentant avec bonheur que vous êtes l'enfant de la terre et du ciel, vous vivez sereinement d'être un «petit d'homme». Votre cœur est plein de gratitude pour vos parents, vos aînés, professeurs ou pas.**

**Ils sont eux aussi des «petits d'hommes», des enfants de la terre et du ciel.**

**Quand votre cœur est plein de gratitude, il devient simple d'honorer ceux pour qui vous la ressentez, quand votre cœur est plein d'amour et de bonheur, il devient simple d'en donner.**

# QUATRIÈME PRINCIPE

# GAGNE TA VIE HONNÊTEMENT

Il est difficile d'être honnête tant qu'on est relativement avide, embarrassé par des «valeurs» intégrées telles que la propriété, le pouvoir, la puissance, le luxe...

Quand vous mourrez, vous n'emporterez rien de vos biens, vous emporterez vos robes de lumière disait mon maître.

Tant que vous vivez ici vous pouvez choisir l'illusion et vous entourer d'objets luxueux, inutiles, vous griser de votre pouvoir..., vous lamenter parce que vous n'avez pas autant que votre voisin, votre patron...Vous pouvez vivre bien dans cette illusion, y passer votre temps, toute votre conscience, votre intelligence. Elle vous rassure peut-être. Libre à vous.

L'honnêteté est alors toute relative et reste indéfiniment fragile, à la merci d'une tentation corruptrice. Elle n'est alors pas dans la voie de l'amour, de la lumière. Qui n'a pas triché ou été tenté, au moins une fois ?

Pourquoi dénonce-t-on avec autant de virulence la corruption des hommes politiques ? Chacun peut se projeter allègrement dans ces histoires. Il aurait pu être le corrompu. Plus il s'indigne et plus il signe sa ressemblance avec celui qu'il dénonce.

Plus il s'indigne, plus il dénonce, plus il veut châtier et plus il exprime sa propre tendance à la corruption qu'il sanctionne et jugule en condamnant l'autre.

Les honnêtes étriqués, eux, qui marchent à pas feutrés sur les trottoirs de la vie, qui sont contents d'avoir ce qu'ils ont «C'est déjà pas si mal», «On est dans un pays où il ne faut pas se plaindre», «Il y a pire», qui vivent pour eux en remplissant peu à peu leur bas de laine, peuvent être scrupuleusement honnêtes parce qu'un sou est un sou, et être complètement malhonnêtes mentalement, acceptant d'être les témoins bêtes et muets d'un système corrompu et corrupteur, pourvu qu'eux n'aient rien à faire et gardent la petite place confortable qu'ils y ont trouvée.

Ce sont ces mêmes personnes qui, lorsqu'elles voyagent en train, font le moins de bruit possible en enlevant le papier autour de leur bonbon à la menthe, se gardent bien de vous en proposer et refusent avec étonnement ou méfiance si quelqu'un leur en offre un, trouvant, visiblement à leur mimique, que cette attitude est indécente.

Entre les honnêtes scandalisés par la malhonnêteté des autres et les étriqués dans leur honnêteté avaricieuse, il y a bien d'autres cas de figures, l'honnête résistant à ses tentations, l'honnête tenté, l'honnête tentateur, l'honnête scrutateur qui surveille intrusivement l'autre, guettant l'erreur, l'honnête jaloux qui voudrait tout ce qu'a l'autre même s'il l'a aussi, l'honnête gluant qui vous caresse de son honnêteté pour mieux vous la montrer, qui achète ainsi le pardon de ses fautes et qui a besoin de votre témoignage pour rester scrupuleusement honnête. Il y a les honnêtes tranquilles qui ont appris que c'était comme ça, qui ont été élevés par des gens tranquillement honnêtes et qui le sont devenus aussi avec simplicité, parfois même avec naïveté et parce que c'est ainsi de père en fils. Il y a les peureux qui sont honnêtes parce qu'ils ont peur de voler et de se faire prendre et qui ont toujours des histoires sur la loi à raconter ou sur les gendarmes. Il y a vous, il y a moi.

Quand Mikao Usui a donné ces principes, il était avec des mendiants et avec des voleurs.

Comment, à notre tour, pouvons-nous entendre ce principe ? Etre honnête en gagnant sa vie, c'est déjà ne pas nuire à autrui ni à soi-même, ne pas exploiter l'autre et ne pas se laisser exploiter. Ne pas nuire au niveau matériel mais aussi au niveau corporel, psychologique, spirituel. Ne pas nuire, c'est être en accord avec soi-même, c'est ne pas se faire mal. C'est... Amusez-vous à écrire ce que c'est qu'être honnête en gagnant sa vie, et ce que ce n'est pas.

Puis dans tout ce que vous avez trouvé, relevez ce qui est le plus important pour vous et faites-en votre référence pour plusieurs jours, pour au moins quatre jours. Observez et notez tout ce que la vie va vous offrir pendant ces quelques jours à découvrir sur l'honnêteté et le travail, sur votre honnêteté.

**Si vous êtes second degré,** profitez-en pour faire des traitements karmiques sur les situations de travail que vous avez vécues et où vous n'avez pas été honnête **selon vous.**

**Si vous êtes premier degré,** prenez le temps d'y penser, de vous souvenir, soyez lucide, sans illusion sur la situation et sur vous-même. Vous êtes là avec votre histoire, cela vous appartient, ne craignez pas d'être qui vous êtes, d'avoir été qui vous étiez. Ce qui importe, c'est ce que vous savez en faire aujourd'hui, c'est vous aujourd'hui et comment vous tracez votre chemin aujourd'hui.

**Offrez votre travail à la lumière, que vous soyez initié ou pas,** demandez-lui d'éclairer et nettoyer toutes les situations où vous avez manqué d'honnêteté pour gagner votre vie. Acceptez d'avoir pu être malhonnête, prenez-en la responsabilité mais surtout ne vous culpabilisez pas. Ce jour-là vous étiez ainsi, soyez lucide sur ce qui vous y a amené, quelle était la source, l'origine de votre malhonnêteté et quand vous n'avez plus de réponse aux «pourquoi» que vous vous posez, restez dans le silence. Regardez, soyez le témoin de vous-même, voyez ce qui vous revient, ce qui vous appartient dans l'histoire, ce qui vient de vous. Ce qui est aux autres, ne le prenez pas, laissez-le-leur, ne le jugez pas, pas plus que vous ne vous jugez. Ce qui vous appartient, regardez-le bien, laissez la lumière vous guider, comprendre, donnez-le-lui si vous avez le désir sincère d'une transparence, d'être «clean» comme disent certains enfants ou adolescents. Ce qui peut vous libérer c'est de l'abandonner, vous l'avez regardé, analysé, ressenti, sans crainte, sans jugement, sans honte, ni culpabilité, sans être non plus effronté ni orgueilleux, simplement avec votre authenticité et votre sincérité d'aujourd'hui et tout va bien. Alors vous pouvez quitter la situation, l'oublier, elle est nettoyée, propre.

Peu importe le temps nécessaire à votre travail. Sachez cependant qu'il vous sera bénéfique quand vous aurez tout laissé, tout lâché, tout abandonné.

L'honnêteté, comme le respect, est une valeur palliative de l'amour. Elle entre dans un cadre juridique, c'est une valeur morale et législative. Elle est donc définie dans un contexte idéologique et économique. Sa valeur est rattachée à ce contexte. Les critères qui la définissent seraient peut-être malhonnêtes pour une société construite différemment de la nôtre. L'amour inconditionnel lui, n'a pas de dépendance idéologique ou économique. Il est le même quel que soit le contexte, il est hors contexte, il est une valeur absolue.

Cependant être honnête et respectueux sont des modes de vie justes et nécessaires tant que l'amour sans condition ne nous guide pas.

Ce sont des valeurs qui nous permettent de vivre ensemble correctement, en bonne intelligence, avec peut-être même quelque tendresse les jours de soleil. Ce sont des valeurs difficiles à appliquer dans sa vie quand on est avide de pouvoir. Qu'on le convoite ou qu'on l'ait, le pouvoir isole, pervertit, fait des autres hommes des pions, des objets pour aussi enrobé que soit le pouvoir que l'on exerce sur eux. Le pouvoir d'un patron est simple à analyser, celui d'un chef spirituel ou d'une institution est déjà plus complexe. Le pouvoir de l'Eglise, et donc de ses gens, a été phénoménal pour être aujourd'hui encore insidieux, bien que légèrement et apparemment réduit.

La chute actuelle des valeurs chrétiennes ecclésiastiques laisse les gens dans un grand désarroi qui les disperse, les précipite vers d'autres croyances, magiques de préférence, ou vers un matérialisme égocentrique, une recherche permanente de réassurance où l'honnêteté et le respect sont alors les épouvantails échevelés d'une idéologie de camouflage, grotesque, si mal construite qu'au contraire, elle dévoile tout.

Si vous acceptez de ne rien savoir, rien croire, rien posséder, vous entrerez dans la connaissance (naître avec).

Savoir, croire, posséder, c'est être mort.

La vie est une danse, la vie est lumière. Aujourd'hui ce que vous ressentez comme honnête peut vous apparaître comme désuet, faux et même malhonnête demain. Ce que vous construisez aujourd'hui sera «déconstruit» demain, heureusement, car ce sera le signe que vous êtes vivant. Un jour, vous n'aurez plus besoin de construire, «honnêteté» n'aura plus de sens, vous serez sans valeur, sans principe (!!!), vous serez né à la vie, cœur et intelligence conscients.

Il est intéressant de réserver un moment avant de s'endormir pour revoir sa journée et envoyer de la lumière là où il y a du sombre. Ce qui ne supporte pas la lumière s'effrite, se détruit, tombe en poussière, ce qui en a besoin, au contraire, s'épanouit dans son rayonnement, il en sera ainsi des événements, des situations, de votre journée. Revoyez votre journée après vous être centré avec votre cœur et votre chakra frontal sur le principe que vous travaillez, que ce soit celui-ci ou un autre.

Quand vous aurez passé vingt-et-un jours avec une telle démarche, soyez conscient de votre changement, du cheminement que ce travail vous a permis d'accomplir.

Au fil du temps, regardez comment tout le travail que vous avez fait vous a permis d'être plus témoin des événements de votre vie, de vos propres comportements, vous êtes certainement maintenant plus à l'intérieur de vous-même. Regardez-le tant qu'il est encore temps car bientôt vous ne vous en souviendrez même plus, vous serez à votre premier jour.

Quand vous fermez les yeux, peut-être êtes-vous plus familiarisé avec votre conscience et l'endroit où elle se trouve ?

N'êtes-vous pas plus paisible dans votre vie de tous les jours ? Les actes les plus simples sont-ils agréables ? Etes-vous plus serein ? A quoi vous accrochez-vous encore qui vous fait souffrir ? Y donnez-vous de la lumière ? Votre respiration est-elle plus ample? Respirez-vous la vie à pleins poumons ? Vous laissez-vous guider ? Connaissez-vous le silence ?

Si vous avez encore des difficultés avec votre honnêteté et que vous êtes initié, traitez-vous plus particulièrement au chakra sexuel, au hara. La transgression de l'interdit, phantasmée ou réelle, se traduit émotionnellement au niveau du sexe par une sensation de plaisir ou de tension selon la façon dont on a intégré la loi et dont on a construit ce que les psychanalystes appellent le sur-moi (le moi idéal, le moi supérieur).

# CINQUIÈME PRINCIPE

# AIE DE LA GRATITUDE POUR TOUT CE QUI EST VIVANT

Regardez, touchez, humez, goûtez, écoutez avec votre cœur. Fermez vos yeux et regardez avec vos mains.

Sentez avec tout votre corps.

Laissez-vous aller à aimer ce petit caillou que vous avez ramassé presque sans y penser, pourtant il est là, dans votre main. Soyez avec lui, touchez-le, respirez-le, écoutez-le, goûtez-le délicatement si vous avez dépassé une peur du ridicule et si ce que je viens d'écrire a du sens pour vous. Laissez-le vous toucher, vous sentir, vous deviner. Jouez avec lui, parlez-lui, demandez-lui son histoire et dans le silence écoutez. Alors commence une danse, la danse de la vie entre lui et vous, un pas de deux. Allez sans retenue où il vous amène, vous découvrirez un monde merveilleux, paisible, où tout est vibration pure, où il n'y a plus de formes comme celles que vous percevez ici et vous serez amis. Vous retrouverez avec lui la dimension du minéral. Elle est en vous, vous la portez, vous portez tous les règnes, minéral, végétal, animal, humain...Vous portez en vous tout ce qui vous précède dans l'organisation de la vie et vous en avez la mémoire.

Ce petit caillou sera alors votre pierre précieuse, celle qui vous initie à son monde qui est aussi le vôtre.

Vous ne trouverez rien d'assez beau, d'assez bon à lui donner en échange que votre infinie tendresse et vous ressentirez la gratitude. Il n'est pas nécessaire de faire le tour du monde pour le faire. Il suffit d'une vraie rencontre, il suffit de tenir un petit caillou dans sa main.

Retrouvez votre sensualité pour cette rencontre, comme pour les autres. Laissez-la s'épanouir, vous guider. Si vous avez travaillé sur le principe précédent, ce sera facile. Vous avez tout en vous, il suffit de le laisser être. Abandonnez le fardeau de la pudeur. Elle a été inventée en même temps que le péché et la culpabilité. La sensualité permet la découverte et la rencontre de l'autre. Elle est le langage corporel de l'intuition, de la connaissance. C'est un cadeau merveilleux de la vie, elle est la vie. Elle est la manifestation de l'énergie que vous recevez par les pieds, celle de la terre. Laissez-la vous irriguer, vous nourrir comme la sève. Laissez-la s'enrouler, se dérouler en vous, vous réchauffer tendrement et avec force et s'épanouir dans votre cœur qu'elle ouvre à la lumière comme une fleur.

Alors vous poserez le petit caillou, là où il était, pour ne rien déranger, pour le laisser à lui-même et vous reviendrez le voir. Votre cœur sera en fête à chaque rencontre.

*Je me souviens des heures passées avec le petit garçon de Peyrhi, le lieu où nous vivons. Il ramassait des cailloux, me les donnait, les reprenait, me les donnait encore et le jeu était d'importance. Son air était grave, il était tout à cet échange : «A toi, à moi», apprenant ainsi qu'il existait bien tout seul, que j'existais bien toute seule, et que grâce à cette séparation nous pouvions communiquer et nous aimer. Et les cailloux étaient nos amis, nos complices dans ce jeu essentiel de la réciprocité. Nous les retrouvions tous les jours, c'était la fête.*

*Plusieurs années après nous avons découvert une danse fantastique. Nous étions sur une colline en Andalousie. Une musique nous parvenait avec le bruit des vagues qui s'échouaient.*

*Intrigués nous y sommes allé. Les vagues rebondissaient sur des milliers de cailloux qui roulaient, s'entrechoquaient et roulaient encore quand l'eau se retirait. Toute la plage dansait d'une vague à l'autre. Les cailloux étaient ronds, certains comme des billes, des boules. Ils étaient blancs, brillants sous les embruns et le soleil couchant. Ce fut un espace intemporel, un cadeau merveilleux. Je contemplais cette danse en même temps que j'étais gratitude. La nuit nous l'entendions et je l'écoutais jusqu'au sommeil. François a voulu en ramener un qu'il avait choisi et qu'il tenait comme un trésor. C'était son choix, sa conscience du moment. Le caillou rond est à Peyrhi maintenant.*

*J'ai été tentée aussi. J'en ai ramassé un qui a séché dans mes mains, je l'ai caressé, gardé un moment et reposé. Je ne l'ai pas privé de sa danse. Par contre, j'en ai trouvé un gros au bord de la rivière qui ressemble à un Zafou, les coussins de méditation zazen et je l'ai ramené sur la terrasse. Il a gardé les vibrations paisibles de l'endroit où je l'ai ramassé et reçoit celles de Peyrhi sans qu'elles effacent les autres, ni les brouillent. Elles se mêlent avec délicatesse et lui conviennent. Les pierres ont une mémoire vibratoire.*

*Celle que mon compagnon a posée dans la maison, découverte avec ses enfants sur la même plage, ressemble à un menhir, elle est belle, puissante, son énergie est très forte, en spirale, stable, régulière avec une pulsation profonde, que j'aime. Elle vibre comme certaines nefs. Je ressens sa présence fidèle et rassurante.*


Et vous, comment êtes-vous ami avec les cailloux ? Comment vous aiment-ils ?

Ressentez-vous cette chaleur douce et soyeuse de la gratitude quand vous êtes avec une pierre ? Un rocher ?

Le vent roule ses vagues dans les arbres comme un océan d'équinoxe.

Les branches du vieux chêne craquent, gémissent ; les fleurs du pommier valsent en tombant dans le soleil.

J'écoute avec bonheur la musique du silence et mon cœur est plein de gratitude infinie.

La vie est un merveilleux cadeau, j'aime la célébrer, tout ce qu'elle donne est bon.

Ce qui vous apparaît comme mauvais, douloureux, pénible, usant, lassant, blessant, destructeur, appartient aux hommes, aux erreurs que nous faisons, à nos conceptions toutes erronées, au fonctionnement de notre mental, ce singe qui n'arràte pas de bouger, batifoler dans la tête, mais que vous pouvez calmer et apprendre à faire se taire.

Dans le livre *Les mots du silence*, Osho Rajneesh propose, lorsque notre énergie est trop tournée vers l'extérieur et que nous ne pouvons rester assis en silence, de commencer par une activité libre (musique, danse, poterie...) et de nous y absorber.

«En déversant votre énergie dans une activité ludique, dit-il, vous cessez de nourrir vos pensées et le mental ralentit progressivement. Au début, vous devez sans doute recourir à ce genre de stratagème pour vous libérer de la dictature de l'intellect.»

C'est le mental qui empêche la connaissance, c'est lui qui vous empêche d'être vivant, de vous réjouir de la vie, d'une pâquerette qui éclôt au printemps, d'un oiseau qui joue dans le vent, d'une odeur humide de mousse, d'un parfum de fougère, du rire d'un enfant, du pain que vous mangez...

**Tous les autres principes vous mènent à celui-là. Tout est en vous, il suffit de le laisser venir à votre conscience.**

*Il y a longtemps, j'avais décidé de m'alimenter selon les principes de la macrobiotique qui réunissaient le zen et le tao et me permettaient d'être plus présente à ce que je faisais. Au bout* de quelque temps je me rendis compte que je faisais attention à ne gaspiller aucun grain de riz, aucune graine de sarrasin. Chacun d'eux était précieux, vibrait et résonnait dans mon cœur quand je le regardais et je ressentais pour ces céréales cette même gratitude que pour la terre qui m'offrait son odeur des labours.

Il n'y a là aucune sensiblerie poétique, qui est encore une production du mental. Je n'avais rien programmé d'autre que de réguler ma relation à la nourriture, sachant que cela m'aiderait à être plus consciente, plus présente, plus vivante.

Souvent on est surpris par ce que l'on ressent lorsque, justement on n'attend rien et dans tous les cas, pas cela. Etre disponible à ce que vous pouvez ressentir, à ce que la vie vous donne, être prêt à l'accueillir, c'est-à-dire être dans la vacuité, ouvre le chemin de la gratitude.

Dans certains écrits reiki ce principe est énoncé différemment, il est dit : «montre de la gratitude... » Bien sûr, pour la montrer cela suppose que vous la ressentiez et si vous la ressentez, même si vous ne la montrez pas forcément, elle s'exprime et se manifeste dans sa vibration.

Lorsque nous avons travaillé sur ce principe avec quelques initiés, j'ai entendu : «Je ne peux pas avoir de la gratitude pour un serpent, il me fait peur ! Mais je ne le tue pas !», «Moi, les araignées, je les tue», «Et quand il y a des pucerons sur les plantes ?»... C'est toujours la production mentale qui empêche la gratitude. L'araignée et le serpent, sont porteurs de nos phantasmes de mort, de destruction, de notre sexualité aussi, alors nous continuons à projeter sur eux ces phantasmes et nous avons peur et nous avons envie de les tuer pour que cela s'arrête. Même si nous ne le faisons pas, nous en avons émis vibratoirement le désir. Nous ne les aimons pas.

Pour les pucerons, souris, etc., les initiés ont des moyens, au moins un, de les faire partir. Il n'est pas nécessaire de les détruire.

*Nous avons passé un été avec un nid de guêpes, bien construit, tout petit, que nous pouvions regarder depuis la terrasse. Personne n'a été piqué. Il ne s'agit pas simplement de ne pas être violent, il s'agit de tendresse.*

Certes, il est plus facile d'éprouver de la gratitude quand ce sont des hirondelles qui ont choisi d'habiter là, chez vous, que lorsqu'il s'agit d'animaux ou d'insectes dangereux. Mais peut-être, s'ils ne vous envahissent pas, y a-t-il moyen de partager ce lieu ensemble et de vivre en bonne intelligence ?

Si un animal me renvoie à ma peur, il me montre le travail que j'ai à faire sur moi, il me parle de ma difficulté à accepter ma vulnérabilité, ma sensualité, ma mort. Alors la rencontre est riche et bénéfique et si je n'ai pas de gratitude, j'ai, pour le moins, de la reconnaissance comme j'en ai pour mon ennemi.

Celui qui ressent, qui vit la gratitude pour tout ce qui est vivant, est dans le silence.

Son ego s'est tu. Alors il est gratitude, elle ne s'adresse plus à une pierre, à un oiseau, à une fleur, elle est, pour tout, sans objet ni sujet particulier. Chaque être rencontré est unique, tous sont lumineux, vibrants de vie, infiniment présents et l'instant est éternel.

Avant de ne plus exister, le temps est sphérique, se fond et se confond dans cet espace puis disparaît. La gratitude est là, comptemplative, et la lumière fait danser ses petites sphères, ses flocons et trace ses rayons qui descendent jusqu'à l'horizon. Silence transparent, limpide, beauté indescriptible, immuabilité.

Restent la certitude, la paix, une intense chaleur dans le cœur, la gorge, le chakra frontal.

Vous n'êtes plus jamais seul, vous êtes, enfin, aimant.

# APRÈS LES
# CINQ PRINCIPES...

Selon le travail que vous avez laissé faire aux principes à l'intérieur de vous, vous avez changé, peut-être même que certaines personnes de votre entourage vous le disent, peut-être elles-mêmes ont-elles un comportement différent à votre égard ?

Si vous êtes initié, remarquez ce qui se passe lorsque vous pratiquez l'autotraitement ou que vous soignez quelqu'un. Vous noterez que vous êtes plus silencieux intérieurement, que vous êtes plus facilement canal. Etre simple canal c'est faire taire son mental et donc son ego. Alors l'énergie coule à flots.

Vous avez fait un travail considérable sur vous. En faisant taire l'ego, en le quittant, en quittant votre mental, vous devenez conscience.

Lorsque votre mental se remet à fonctionner vous pouvez cependant être le témoin de ce qui se passe et si vous ne l'êtes pas sur le moment, vous pouvez au moins l'être après.

Un des moyens qui vous sera sans doute assez vite sympathique est de revoir votre journée le soir et d'en être le témoin. Si une situation, un événement, vous a fait mal, reprenez-le et soyez-en témoin en laissant travailler les cinq principes. Observez, au bout de plusieurs soirées où vous travaillez ainsi, comment sur un même événement, selon le principe avec lequel vous le regardez, vous envoyez de la lumière

*Je m'explique avec un exemple : l'autre jour un collègue laisse un message sur mon répondeur et m'annonce que le patron lui tient des propos très désobligeants sur moi.*

Je suis déçue, triste, puis j'ai un sentiment d'injustice et je suis en **COLÈRE**.

Je me dis que le plus simple serait d'aller le trouver pour mettre la situation à jour, mais c'est à lui de m'en parler et je ne suis pas sûre d'avoir une attitude correcte et... je me fais du **SOUCI**.

La révolte reprend le dessus quand j'abandonne l'idée d'aller le voir et je pense qu'il est figé dans son pouvoir, ses compétences et incompétences, sa lâcheté à vouloir composer avec tout le monde et je ressens du mépris... Je ne l'**HONORE** pas du tout.

A la révolte succède la vengeance, puisque c'est comme ça il peut se brosser pour les futurs projets, il n'aura qu'à se débrouiller seul avec ses incompétents collègues... Mais cela fait partie de mon travail d'élaborer et construire des projets. Si je ne le fais pas, ce n'est pas **HONNÊTE**.

Et sa plante dans son bureau, elle lui ressemble, à moitié chauve, sans feuille par endroits, tordue et répandue... Où est ma **GRATITUDE** pour tout ce qui est vivant ?

Au fur et à mesure que ma conscience déjoue mes affects et la danse de guerre de mon mental, tout ceci m'apparaît comme une réaction égocentrique, narcissique et se dégonfle à la fin comme un pet de nonne*. Ce qui me faisait mal était que cet homme ne me reconnaisse pas. Eh bien, c'est ainsi et grâce à lui j'ai eu une expérience intéressante avec les principes. S'il a quelque chose à me reprocher cela lui appartient, ce n'est pas à moi. Reste une tristesse flottante, source du silence quand elle est acceptée. Et je suis bien, paisible. L'événement, rappelé le lendemain par le collègue, me fait sourire et me taire. Je me dis que le patron vit mal sa solitude de patron pour aller raconter ses affects à un de ses salariés, ce qu'il réprouve et érigeait il n'y a pas longtemps en règles de conduite.

* Champignon rempli d'air qui éclate en faisant un bruit étouffé.

Ainsi les principes m'aident à voir plus clair dans mes relations et ce qui autrefois m'aurait peinée et aurait alimenté le stock d'émotions non ou mal digérées jusqu'à me rendre malade, devient une opportunité pour exercer ma lucidité et me libérer.

Plus vous «travaillez» ainsi et plus la prise de conscience est possible pour devenir de plus en plus souvent immédiate et un jour l'événement glisse car il n'en est plus un, vous ne le voyez plus, il ne vous intéresse plus, il ne vous concerne pas, ce n'est plus un événement. C'est à tel point que si personne ne vous en parle pas comme d'un événement, vous ne l'aurez même pas mémorisé, il ne sera pas enregistré. Et si une personne vous en parle, votre réponse la surprendra sans doute car elle ne sera pas sur le registre de l'ego.

Lorsque vous demandez la lumière, elle vient. Son éclairage ne répond pas à votre désir. Lorsque vous lui demandez d'éclairer un événement, une situation, une relation, elle est là et vous êtes souvent surpris mais toujours libéré, léger et apaisé, la situation est devenue limpide, claire et vous vous sentez limpide, clair.

Revoir ainsi tous les soirs sa journée équivaut à un autotraitement. Vous êtes canal reiki sur votre journée, vous lui donnez lumière, santé, paix et amour.

Bien sûr certaines situations sont plus faciles à vivre et à éclairer que d'autres, mais n'oubliez pas que tout est une opportunité pour vous ouvrir à la lumière et qu'elle est amour.

Quelle que soit la situation, demandez-lui d'être là. Laissez-la vous guider, si vous êtes triste, abandonnez-vous alors à la tristesse, elle viendra et vous guidera vers l'apaisement. Vivez pleinement ce que vous ressentez en lui offrant, c'est tout.

Rien n'est futile si c'est important pour vous. Personne ne s'est consolé en pensant que d'autres souffrent davantage. La souffrance de l'un ne calme pas celle de l'autre.

Si vous êtes malheureux, appelez-la.

Si vous êtes heureux, offrez-lui votre bonheur, célèbrez-le avec elle. Soyez gratitude.

Quand vous revoyez votre journée, regardez aussi les moments de bonheur. Remarquez, comme vous êtes uniquement dans ce moment, plus de passé, pas d'avenir, juste le bonheur et c'est quand vous l'avez quitté que vous êtes conscient de l'avoir vécu. Au moment où vous le viviez vous étiez bonheur, il n'y avait rien d'autre.

C'est la même chose pour la peur, ce n'est pas au moment où vous la vivez que vous avez peur, c'est quand vous l'avez quittée. C'est après que vos jambes tremblent, que votre cœur bat la chamade, que votre souffle est court et que vous avez froid. Sur le moment vous avez vécu intensément la situation, c'est tout. Vous étiez complètement dedans. La peur vient avec la mémoire, elle vient après l'événement, à la fin. Plus votre mental est puissant, plus il s'aliène, et moins vous êtes présent, plus court est l'instant, à peine vivez-vous le bonheur que déjà vous le quittez en vous disant : «Que je suis heureux !» Mais c'est déjà passé. Et quand une situation survient et que vous vous dites : «J'ai peur», vous n'êtes déjà plus dedans. La peur, de plus, n'est pas un bon guide. Alors que dans l'immédiateté vous agissez correctement pour vous, dans la peur vous ne savez plus agir. «J'ai eu peur, j'ai fait n'importe quoi !»,«Je ne sais pas comment j'ai fait, mais j'ai pu le faire !»

-Vous n'avez pas eu peur?

-Sur le moment non... Après oui !»

La peur est toujours rétrospective.

Chaque prise de conscience est un moment de bonheur, une naissance à la vie. La prise de conscience elle-même est rétrospective, c'est le moment où vous l'avez quittée et où vous vous la formulez plus ou moins intellectuellement, où vous mettez des mots dessus. Au moment où vous la vivez vous êtes conscience et tout votre être vibre dans cette connaissance. La prise de conscience est la traduction de ce moment où vous avez été conscience pure, vivant ainsi votre essence elle-même. La formulation est nécessaire à l'ego, comme le temps lui est lié. Quand l'ego disparaît le temps n'existe plus. Quand vous êtes conscience vous ne savez pas que vous l'êtes, vous l'êtes, c'est tout et vous en avez la Connaissance. Le savoir est temporel et égocentrique. Cela ne lui enlève pas sa valeur et simplement le qualifie et le situe.

La connaissance est intemporelle, originale et unique.

C'est grâce à elle que vous guérissez.

Je préférerais méditer avec vous, vous rencontrer, qu'écrire, mais l'écriture et sa lecture sont une rencontre qui dépend de celui qui écrit et de celui qui lit. Si celui qui écrit laisse des blancs, celui qui lit crée sa propre écriture, sa propre rêverie, son propre chemin vers la connaissance. Les meilleurs moments sont certainement quand vous ouvrez le livre et que vous n'avez pas encore commencé votre lecture, quand vous le laissez ouvert, les yeux et le cœur ailleurs, et quand vous le fermez.

Si un mot a résonné pour vous, si un blanc a fait écho, si vous avez plus chaud, plus tendre...

*A propos de l'Auteur :*
*Anne-Marie Fis est maître et enseignante de Reiki. Elle anime des satges dans un centre situé dans les Pyrénnées.*
*Pour tout renseignement,*
*vous pouvez la contacter à l'adresse suivante :*
*Chemin du Château Barbé - Peyrehicade - F - 65130 Capvern.*

# Chez le même Editeur

# Catalogue complet sur simple demande

par
Achevé d'imprimer
d'après les documents fournis,
en juillet 1995
IMPRIMERIE LIENHART
à Aubenas d'Ardèche

Dépôt légal juillet 1995
N° d'imprimeur : 7760